北京师范大学历史学院双一流学科建设经费资助出版

治史与取径

陈垣、顾颉刚学术散论

刘卓异 著

社会科学文献出版社
SOCIAL SCIENCES ACADEMIC PRESS (CHINA)

献给吾师与吾妻

序

近代以来的古史研究，发轫于罗王之学，勃兴于疑古思潮，至郭沫若等马克思主义史家另辟天地，共同奠定了当下先秦史研究的基本方法与格局。此外还有一条暗线，即中国古代的经学传统。章学诚云"六经皆史"，虽然学者对这句话内涵的理解相当丰富，但可以明确的是，在先秦史研究所依据的史料中，经书无疑占据极重要的位置，且古今均如是。这就造成了古史研究与秦汉以后历史研究的一大不同点——浓厚的经学色彩。在如今经学作为一门学问已经衰微的情况下，这一特点也可以表述为浓厚的文献研究色彩。

从古至今的先秦历史研究在很大程度上致力于研究文献，即解读与辨析史料。古代的先秦史研究基本依附于经学，治古史多半等于治经书；近代以来由于大量地下材料的出现，对出土文献的解读和研究成为古史研究者的重要任务；疑古思潮兴起后，古书成书时代的辨析也成为古史研究最重要的课题之一。这些研究都是围绕文献开展的。

由于古史研究素来有浓厚的文献研究色彩，近代以来的古史大家往往是古文字大家（如王国维、郭沫若、徐中舒、于省吾、胡厚宣、李学勤等），或者是古文献大家（如顾颉刚、刘起釪治《尚书》，童书业治《左传》，金景芳治《周易》，于省吾治群经，等等）。即使主要从事古文字研究的学者（如唐兰、裘锡圭等）或古文献研究的学者（如杨伯峻、高亨等），往往也会极为频繁地出现在古史研究的学术史梳理中，同样被看作重要的古史研究者。

相比之下，其他断代史的研究者纵有参与文献整理研究工作，也是基于其深厚的史学研究积累，而不是反过来。秦汉以后的文献研究者与史学研究者，虽然不是泾渭分明，但往往术业有专攻，即使在文献整理层面有极大贡献，如果没有相关的史学研究成果，仍不足以被公认为该断代的史学家。如启功参与了《清史稿》的点校，但一般不以其为清史学家。

之所以有这样的区别，原因之一是史料解读难度的差异。对于秦汉以后历史的研究而言，至少在近年秦汉三国简牍大量出土前，传世典籍的成书时代判定和文句训读不成大问题，算是入门基本功。而对先秦典籍和古文字材料进行解读，对古书成书时代加以辨析，固然也是先秦史研究的基本功，但在很大程度上已属遍布疑难问题的学术前沿。所以，先秦史研究带有浓厚的经学色彩或文献研究色彩，一定程度上也是必然的。当代很多古史研习者（包括笔者在内），入门时从经学着手，花费很大精力学习清儒经学名著，是有原因的。经学是古史研究的根基所在，也是今人研究古史应当参考的宝库。

近年来，地下出土之文字资料越来越丰富，尤其是简帛文献已蔚为大观，促使当下的先秦史研究加强了"回归传统"的倾向,即文献研究的色彩越来越重,越发趋近于改头换面的经学研究。笔者听到不少先秦史学者说过,当下出土文献研究是"显学",而"纯"先秦史研究则不多了。

我理解,所谓"纯"先秦史研究,即经学或文献学研究退居幕后、充当基础,以政治史、军事史、制度史、家族史、社会史等经典历史学问题为研究对象。这种研究方式在20世纪的古史研究中曾占据相当主流的位置。20世纪八九十年代,古史研究领域涌现出了一批关于国家形态、社会形态、家族形态、宗法制度、社会生活的著作,这些著作是数十年来罗王之学、疑古思潮和唯物史观充分融汇的结果,堪称20世纪先秦史研究的高峰。

随着20世纪末"走出疑古时代"口号为许多研究者所接受,疑古思潮的影响力大不如昔,这导致古史传说的研究走入低谷。也是在这一阶段,唯物史观实质上也被许多研究者束之高阁,导致宏观的研究视野在古史研究中逐渐消失。在疑古思潮和唯物史观影响式微的情况下,先秦史研究"回归传统"也在情理之中了。

当下火热的出土文献研究,确实掀起了古史研究的新高潮,但研究者也应看到盛宴背后的不足。不可否认的是,对于史学研究而言,过于浓厚的文献研究色彩是会对研究的纵深产生消极影响的。往纵深发展的史学研究是超越文献、立足问题的,而单纯的文献研究则自有边界,往往会割裂问题。

近现代古史研究之所以不是古代经学的延续,并不是今人的学力超出了乾嘉诸老,而是近现代史学的学科体系、研究方法、学术视野较之乾嘉学术均有质的飞跃。出土文献的整理和解读，确实需要在一定程度上回归经学方法；但若因此抛弃了近现代古史大家们开拓的学科体系、研究方法、学术视野，让制度史、古史传说、社会形态等问题的研究逐渐淡出，恐怕也有舍本逐末之嫌。孔子不可谓不伟大，今人不可不重视其思想与智慧，但若是鼓吹回到孔子时代，或者全面推行孔子的主张，未免太不合时宜。同样，今人治学，虽叹服清儒之经学成就，但若在治学方法和精神上回归乾嘉时代，最多只是在 21 世纪训练出一个 18 世纪的二流学者，虽然不是完全没有意义，但何以展望未来呢？

也许，古史研究者是时候恢复对唯物史观的重视了，让宏观的研究视角回到自己的研究中。20 世纪五六十年代在马克思主义史学指导下提出的"五朵金花"问题具有十分重大的学术意义和旺盛的学术生命力，这样好的问题，已经很久没有出现了；20 世纪末热烈讨论的国家形态、社会形态、家族形态、宗法制、分封制、国野制等课题，或早已尘封，或仍在沿着三四十年前的框架体系推进，新的问题与新的框架体系似乎也已很久没有见到了。

即使是立足于出土文献的考证工作，也应当有宏观的研究视野，这有助于避免历史考证的过度碎片化。碎片化考证就问题本身而言当然也具有其学术价值，但缺乏系统性的考证终究难以将研究升华到一定的高度。陈垣的《元西域人华化考》和顾颉刚的《周公东征史事考证》都是典型的宏观视野下的系统性考证，这样的研究不仅在材料运用上大大超出乾嘉诸老，在视野和立意上也远非传统史家所能相比。史学考证古已有之，至清代达到一定的高度，但陈垣、顾颉刚等近现代史家将历史考据学从传统乙部之学中提取出来，带入了一番更为广阔的天地。

当然，古史考证有其特殊性。古人云："画狗马难，画鬼神易。"记载较多而时代风貌为后人熟知的历史时期，研究起来是比较难的，论证须十分严密方能服人；记载稀少而后人不甚了解的历史时期，研究起来大概就像"画鬼神"，反而容易。古史研究，材料本就稀少；经疑古思潮破除迷信，经得起辨析的有价值史料更少。文献不足征，故而空白处多，解释空间也大；上古历史又自带神圣感，这种神圣感会给一些并无太大学术意义的问题无形中也罩上了值得研究的光环。因此，很多古史考证的成果处于作者"姑妄言之"、读者"姑妄听之"的境地。

从另一个角度看，"画鬼神"也很难。由于材料稀少，客观限制就少，研究者个人的理解与认知会对很多问题的探索产生较大的影响。每个人心中都有不同的"鬼神"形象，而所画的形象很难完全符合他人的认知。研究也就容易陷入"少说则无聊，多说则多错"的困境。

研究者发挥主观能动性是无可厚非的，造成这种困境的根本原因还是"文献不足征"，解决的途径则是想方设法扩大史料的范围。陈垣提出搜集史料应当"竭泽而渔"，这正是从事古史考证的学者应当学习和实践的原则。在陈垣之前，佛经、文集、碑刻在史学考证中的运用并不充分，陈垣将这些不被重视的零散史料搜罗起来，开创了历史考证的全新局面；今人进行古史考证，也应当放开视野，在充分运用传世文献、出土文献、考古资料的同时，注重对历史比较语言学、古音学、神话学、体质人类学、文化人类学、分子人类学、气候史、环境史等材料和方法的运用。只要史料丰富起来，或许有望改变"画鬼神"的尴尬局面。

"问渠那得清如许，为有源头活水来"。陈垣、顾颉刚这一代史学大家，是近现代史学的开创者，是当下中国史学科基本体系与研究方法的奠定者。一个世纪以来我国的历史学得以长足发展，离不开这些"源头活水"。斯人已逝，但精神与方法尚存，仍值得后学发掘。笔者是古史研究者，研究学术史有明确的目的。本书题为"治史与取径"，写作目的正是通过考察以陈垣、顾颉刚为代表的前辈史家如何治学，为当下古史研究的推进提供思路和借鉴。

目 录

第一章　浮沉各异势　殊途而同归
　　　　——论陈垣与顾颉刚的交谊　　　　　1
　一　陈垣、顾颉刚交往的起伏经过　　　　2
　二　交往、矛盾与合作：燕大时期的陈垣与顾颉刚　　13
　三　殊途同归：陈垣、顾颉刚治学路径的异与同　　26

第二章　陈垣的古史观　　　　　　　　　　43
　一　陈垣"不治经学"辨　　　　　　　　44
　二　陈垣对"疑古派"的态度　　　　　　49
　三　陈垣·古史·古史辨　　　　　　　　54

第三章　顾颉刚的《尚书》学　　　　　　　61
　一　从《尧典》到《大诰》　　　　　　　61

治史与取径：陈垣、顾颉刚学术散论

二 "与子偕行"
——顾颉刚《尚书》研究与陈垣元史研究的比较　66

第四章　励耘门中考古家
——赵光贤《中国考古学大纲》述评及其他　77

一 《中国考古学大纲》的体例与内容　80

二 《中国考古学大纲》的特点　87

三 "古史考辨"之外的赵光贤　98

第五章　援庵麾下疑古派
——赵贞信传略　114

一 多年师生如父子
——顾颉刚与赵贞信　116

二 讲师"赵贞信教授"
——赵贞信在辅仁大学和北师大　150

三 赵贞信学述　169

后　记　195

第一章　浮沉各异势　殊途而同归
——论陈垣与顾颉刚的交谊

陈垣与顾颉刚都是近现代史学巨擘，关于二人各自的学术、思想、交游情况，学术界已有充分的研究，但对陈垣与顾颉刚之间的交谊，基本没有讨论。[①]究其原因，主要是二人研究领域相差甚远：顾颉刚以古史研究见长，而陈垣的研究基本不涉秦汉以上，似乎很难产生交集。[②]实际二人之交谊自1922年始，至1971年陈垣去世终，长达五十年，其间虽有波折，但基本善始善终。无论是从两位史学大家个人经历的视角，还是从近现代历史学界学术生态的层面，抑或从

[①] 牛润珍在梳理陈垣交游人物时曾提及顾颉刚，但叙述比较简略，仅论及二人在1924~1934年通信不断，且于20世纪20年代的北大及新中国成立后的中国科学院两度共事（见牛润珍《陈垣学术思想评传》，北京图书馆出版社，1999，第294页）。张旭东以牟润孙找工作一事为切入点，讨论了牟与他的两位老师——陈垣、顾颉刚的关系，论及陈、顾学风的"对抗"，着眼点较小，结论亦偶有武断之处（见张旭东《牟润孙找工作：新旧学风的对抗》，《东方早报·上海书评》2015年1月4日）。

[②] 近现代史学大家之间的密切交往，确多以学术领域接近为前提。如学术界关注较多的"二陈"（陈垣、陈寅恪）与岑仲勉，研究时段都以中古、近古为主，且均关注中西交通史；又如顾颉刚与钱穆，均治先秦历史。而顾颉刚与"二陈"之间，似乎关系较为疏远，研究者也不甚关注。

治史与取径：陈垣、顾颉刚学术散论

近代以来中国古代史研究科学治史精神确立的角度，都很有必要对陈垣和顾颉刚两位先生的交谊进行梳理。

一 陈垣、顾颉刚交往的起伏经过

1913年，陈垣与顾颉刚均从南方故乡迁居北京，但没有材料表明他们在1913~1921年间相识或互相关注到对方。1922~1928年，陈、顾二人均在此期间达到自己的第一个学术高峰，成为当时名满天下的史家，二人也开始相识、相交；1929~1937年，顾颉刚与陈垣开始在燕京大学共事，这一时期是二人交往最频繁的阶段，但后期即产生矛盾，相互疏远；1937年全面抗战爆发，顾颉刚南迁，陈垣留在北京，彼此消息断绝，很少往来，新中国成立后，顾颉刚重回北京居住，陈、顾重新开始相对频繁的来往。下面将分1922年以前、1922年至1928年、1929年至1937年7月、1937年7月至1971年四个阶段，对陈垣、顾颉刚交往的起伏经过进行简要梳理。

1. 1922年以前

陈垣于1913年当选众议院议员并迁居北京，正式步入政坛。次年任税务会办，为税务督办梁士诒的副手，跻身北洋政府高官之列。1915年，避暑山庄文津阁《四库全书》移至北京，陈垣开始一边做官一边遍览四库。至1917年，陈垣结识英敛之、张星烺及日本学者桑原骘藏，其人际关系开始向学术界转移；也在此年，他完成了生平第一部历史学学术专著《元也里可温考》，在学界产生较大影响。此后数年，陈垣又撰写了若干宗教史著作，包括"古教四考"中的《开封一赐乐业教考》，成为知名史家。

1921年，陈垣开始主持北京孤儿工读园，并创办平民中学。此年年末，梁士诒组阁，任命陈垣为教育部次长，因总长黄炎培未就职，陈垣以次长署理部务。① 此年可以看作陈垣将事业重心转向教育界的转折点。一方面，陈垣在平民中学培养了自己最早的一批学生，以那志良为代表；② 另一方面，以担任教育部次长为契机，陈垣直接参与北京高校事务，开始拓宽教育界交游圈。

顾颉刚（原名诵坤）1913年进入北京大学读预科，1916年以"颉刚"之名考入北京大学读本科，1920年毕业后即留在北大任助教，从事图书编目工作。1921年底，北大研究所国学门筹备基本完成，顾颉刚受国学门主任沈兼士等人聘请，以助教身份进入国学门工作，担任秘书。③

在此阶段，陈垣是心向学术与教育的北洋政府官员，在当时风云激荡的北京政坛中，其地位虽不低，但尚未至家喻户晓的程度；顾颉刚是初出茅庐的青年学子，学术兴趣和

---

① 以上陈垣事均参照刘乃和、周少川、王明泽、邓瑞全《陈垣年谱配图长编》，辽海出版社，2000。为注释简明，下文涉及陈垣行年事迹，凡参照此书者无特殊情况不再一一出注。
② 那志良：《忆吾师陈援庵先生》，收入《纪念陈垣校长诞生110周年学术论文集》，北京师范大学出版社，1990，第359~362页。
③ 以上顾颉刚事均参照顾潮编著《顾颉刚年谱（增订本）》，中华书局，2011。为注释简明，下文涉及顾颉刚行年事迹，凡参照此书者无特殊情况不再一一出注。

3

研究方向也未确定,可谓籍籍无名。[①]陈垣因《元也里可温考》在史学界崭露头角,有了一定的名气,但并没有任何材料表明顾颉刚关注过作为政客的陈垣及其早期论著。

这一时期陈、顾二人的间接关联,应该是20年代初"北京国立八高校欠薪索薪"事件。二人虽分处教育部和高校教师博弈的两端,但均饱受其苦。顾颉刚所受的是经济困顿之苦,自1920年入职北大为助教起,一直不能按时拿到薪水,[②]只能靠胡适发给他一个月三十元的津贴[③]和抄书、编书的报酬以及在孔德学校兼课过活。[④]陈垣所受的是接手烂摊子的进退维谷之苦。[⑤]他到任教育部时,不仅高校欠薪,高校教师与政府的矛盾十分激烈,连教育部职员也被欠薪,宣称"任何人长部必先发欠薪三月方开工"。[⑥]在极为孤立的情况下,陈垣会见八校代表时只能允诺"极力张罗",但无

[①] 五四运动期间,顾颉刚在苏州省亲,未直接参与,故不似其北大同学傅斯年、罗家伦等有名。1921年4月19日日记载京师馆员谭某知道顾颉刚的名字乡里,顾还感叹"还竟有些名声在外"(《顾颉刚日记》第1卷,台北:联经出版事业股份有限公司,2007,第116页)。

[②] 顾颉刚在日记中屡屡提及欠薪之事以及由此造成的经济窘迫局面,如1921年6月18日、11月20日、11月28日,1922年1月12日等。见《顾颉刚日记》第1卷,第132、184、186、200页。

[③] 见1920年11月8日《致殷履安信》,《顾颉刚书信集》卷4,中华书局,2011,第304~306页。

[④] 顾潮:《我的父亲顾颉刚》,中国大百科全书出版社,2020,第100页。

[⑤] 1921年12月梁士诒组阁之前,北京高校欠薪事件已经持续近一年,甚至还闹出军警在新华门前殴打讨薪教授的丑闻(1921年6月3日),教育部已经成了"火药桶"(见《京教职员访问新阁纪——欠薪仍无着落》,《申报》1922年1月1日,第7版)。陈垣之所以在如此恶劣的情况下接手教育部事务,应当是为报答梁士诒的知遇之恩,不得已而为之。

[⑥] 《申报》1921年12月31日,第6版。

具体办法。① 在执掌教育部的五个月中，陈垣苦苦支撑，虽无法完全解决欠薪之事，但他上下奔走、极力安抚，所以北京高校教师对他虽偶有批评，② 但远不似对前任署理部务的次长马邻翼那样"切齿"③。这对即将全身心投入学林的陈垣而言，算是不幸中的万幸。

2. 1922年至1928年

1921年12月底，顾颉刚从苏州返回北京，12月26日到北大研究所。④ 不到一个月后，即1922年1月，陈垣受聘成为北大研究所国学门导师。⑤ 两人先后入职北大研究所，成为北大研究所国学门最初的一批成员，这也是陈、顾第一次共事。此时陈垣仍为教育部次长，北大导师实为兼职，其工作重心也不在北大。但因国学门初创，规模不大，基本可以推断陈、顾在此时相识。在顾颉刚1922年日记之末所附的友人住址中，出现了陈垣当时的住址"西安门大街65号"。⑥

1922年5月，陈垣以教育经费欠缺、无法解决高校欠薪事件为由，辞去教育部次长之职。⑦ 这是陈垣政治生涯的

---

① 《申报》1921年12月31日，第7版。
② 如《申报》1922年5月15日报道欠薪事件时称陈垣"异常圆滑"。现在看来，陈垣当时"圆滑"的态度其实是在客观上毫无解决办法的情况下的安抚求稳之道。
③ 见1922年1月1日张宗祥致陈垣函，陈智超编注《陈垣来往书信集》，上海古籍出版社，1990，第43页。
④ 《顾颉刚日记》第1卷，1921年12月26日，第194页。
⑤ 刘乃和、周少川、王明泽、邓瑞全：《陈垣年谱配图长编》，第113页。
⑥ 《顾颉刚日记》第1卷，第308页。
⑦ 《申报》1922年5月20日，第6版。

终点，此后他再未担任过政府官员，转而专心于学术，北大研究所成为他主要的工作地之一。顾颉刚在1922~1926年间虽不时逗留南方，但主要还是在北大研究所工作。二人在北大研究所共事，经常见面交谈，①交往逐渐密切起来，开始了较为频繁的通信，②也偶尔到对方家中拜访。③陈、顾均为朱希祖组织的"驼群社"成员，不时一起远行郊游。④1925年3月25日，顾颉刚参观了陈垣创办的平民中学，称赞"极有精神"。⑤此时二人间的交往，已经超出简单的同事关系，可以说是有一定的私交了。

除了在北大共事，两人还在故宫共事过一段时间。1924年11月5日，溥仪被逐出紫禁城，次日，顾颉刚开始参与到

---

① 见《顾颉刚日记》第1卷，1923年12月15日，第430页；1924年3月10日，第463页；3月22日，第468页；6月21日，第499页；7月21日，第510页；10月4日，第539页；10月29日，第547页；11月18日，第553页；12月9日，第559页；12月20日，第563页；等等。据《日记》所载，在此阶段，陈垣与顾颉刚平均每一两个月就会在北大研究所见面。

② 1923年至1926年7月顾颉刚赴厦门大学前，根据《顾颉刚日记》统计，顾颉刚写给陈垣的信大约有40封，平均约每月一封。因顾颉刚保存的来信在"文革"期间大量被焚毁（见《顾颉刚日记》第10卷，1967年3月27日，第645页），陈垣本人也较少保存写给他人信件的原稿（陈智超编注《陈垣来往书信集》"前言"，第1~2页），故无法统计陈垣给顾颉刚的回信情况，但从常理推断，应当与顾颉刚的去信大致相当。

③ 见《顾颉刚日记》第1卷，1923年12月23日，第432页；1924年5月21日，第488页；1925年4月12日，第607页；1926年1月1日，第705页。

④ 《顾颉刚日记》第1卷，1926年2月27日，第723页；朱偰《我家座上客——交游来往的人物》，《鲁迅研究月刊》2005年第5期。

⑤ 《顾颉刚日记》第1卷，1925年3月25日，第602页。

整理清宫文物的工作中。[1]11月20日，清室善后委员会成立，陈垣担任常务委员，实际上主持故宫文物的清点。12月20日，陈垣主持召开清室善后委员会第一次会议，聘顾颉刚为清室善后委员会顾问。[2]顾颉刚在故宫的工作集中在1924年底至1925年，主要参与清点文物和书画整理，做了不少实际工作。[3]

就目前所见的材料看，在学术上，这一阶段主要是顾颉刚向陈垣请教。如1924年4月4日，顾颉刚致信陈垣，求借其旧作《记大同武州山石窟寺》[4]及其他相关材料。[5]同年11月，顾颉刚给陈垣寄去两篇自己写的文章，请陈垣审阅；并请教周晖《北辕录》何处可得及周晖为何人。这正是精通目录学的陈垣所擅长的，他解答了顾颉刚的问题。[6]

到1926年，因北大欠薪状况已十分严重，顾颉刚债台高筑，[7]他不得不随沈兼士转投厦门大学，担任研究所导师及教授，[8]后改任研究教授。陈垣则仍在北京，辗转于北京大学、燕京大学、辅仁大学、北京师范大学任教。

顾颉刚虽然常常抱怨北大的派系斗争，[9]但其师友同道

---

[1] 《顾颉刚日记》第1卷，1924年11月6日，第550页。
[2] 《顾颉刚日记》第1卷，1924年12月20日，第563页。
[3] 许凯：《顾颉刚与故宫博物院——兼谈二十世纪二三十年代北大学者治学的差异》，《故宫学刊》2015年第1期。
[4] 陈垣：《记大同武州山石窟寺》，《东方杂志》第16卷第2期，1919年。
[5] 陈智超编注《陈垣来往书信集》，第168页。
[6] 陈智超编注《陈垣来往书信集》，第169页。
[7] 到1926年5月中旬，已欠款近两千元，见《顾颉刚日记》第1卷，1926年5月16日，第747页。
[8] 《顾颉刚日记》第1卷，1926年7月1日，第763页。
[9] 参看《顾颉刚自传》，收入《宝树园文存》卷6，中华书局，2011，第376页。

多在北京，大量藏书一时也难以转运，所以南下厦门实属不得已。①到厦门大学后，虽经济窘况大为缓解，却失去了治学同道，研究氛围较差；②且感觉"携北大派性以俱往"③，斗争不仅没有缓和，反而越发严重。顾颉刚与鲁迅的矛盾，在此期间激化；与他旧日的老师和领导沈兼士的隔阂也越来越深；④与其同住十年的老友潘家洵，亦在此时反目，终致彻底决裂。⑤

在厦门大学仅半年余，顾颉刚便离开厦门，转赴中山大学。算上为回避鲁迅而替中山大学购书的半年，顾颉刚在中山大学工作了约两年时间。在此期间，因工作上不可调和的矛盾，顾颉刚又与老友傅斯年——一个同样肯做事、能做事且有主张的人——产生冲突，几近反目。⑥

在此背景下，陈垣这个往昔老师辈的旧交，就显得弥足珍贵了。顾颉刚在厦门的半年多时间里，虽条件多有不便，但至少给陈垣写了四次信。⑦信中关心陈垣因故宫事务被逮

---

① 参看1926年7月2日《致胡适信》，《顾颉刚书信集》卷1，第432~433页。
② 参看1927年2月2日《致胡适信》，《顾颉刚书信集》卷1，第439页。
③ 《顾颉刚日记》第1卷，1926年8月9日，附1973年7月补记，第778页。
④ 《顾颉刚日记》第2卷，1927年2月5日，第13页。
⑤ 《顾颉刚日记》第2卷，1927年3月31日，第69页；1930年8月31日，第434页。
⑥ 关于顾、傅矛盾，可参看刘召兴《傅斯年、顾颉刚中山大学语史所时期矛盾考论》，《云梦学刊》2006年第6期；李扬眉《学术社群中的两种角色类型——顾颉刚与傅斯年关系发覆》，《清华大学学报》2007年第5期。
⑦ 见《顾颉刚日记》第1卷，1926年8月25日，第784页，11月16日，第817页；第2卷，1927年1月7日，第3页，2月5日，第13页。

捕和软禁之事,邀请陈垣在厦大出书,并请教陈垣关于《道藏》的问题。陈垣也将自己的新作《中西回史日历》寄给顾颉刚,顾回信称赞"见者惊犹鬼神"。①顾颉刚在广州期间,处境更为艰难。1928年暑期,陈垣返粤省亲,虽然在粤时间不长,②但他还是在8月2日上门拜会顾颉刚,并在3日、6日两次与顾颉刚相见。③此时二人之间的私交,已经是比较亲密的了。

在这七年间,陈垣的"古教四考"、《元西域人华化考》、《史讳举例》、《二十史朔闰表》、《中西回史日历》等重要著作均已完成刊行,陈垣也由此成为当时公认的史学巨匠。顾颉刚则提出疑古学说、开启了古史论辩,迅速成为史学界的焦点,一跃而为当时最知名的史学家之一。虽然都已是当时名满天下的史家,但陈垣年长顾颉刚十三岁,成名也更早;顾颉刚虽未受业于陈垣,但这一阶段对陈垣是以师礼待之的。顾颉刚在日记中,只有提到胡适、沈兼士、朱希祖、周作人这些在北大给他上过课的人时才会始终尊称先生,而提及陈垣亦均称先生。这一时期的陈、顾友谊,是一种相互尊重、和而不同、困厄中愈显可贵的君子之交。

3. 1929年至1937年7月

1928年5月,顾颉刚离开广州返回北京,并于是年9

---

① 陈智超编注《陈垣来往书信集》,第170页。
② 陈垣在8月9日之前就已北返大连,见刘乃和、周少川、王明泽、邓瑞全《陈垣年谱配图长编》,第263页。
③ 《顾颉刚日记》第2卷,1928年8月2日、8月3日、8月6日,第191~193页。

治史与取径：陈垣、顾颉刚学术散论

月就职于燕京大学。此时燕京大学国学研究所正在组建，陈垣任所长，顾颉刚任导师。自1928年底至1931年上半年，陈垣和顾颉刚在燕京大学共事，共同参与国学研究所和《燕京学报》事务。这一时期，顾颉刚是燕京大学的专职教授；陈垣虽同时在北京师范大学和辅仁大学任教，但其工作重心也在燕大。因此，这两年多的时间是陈垣和顾颉刚交往最密切的阶段，二人的交谊达到顶峰；但也是在此阶段，二人因工作上的分歧产生矛盾，关系日渐疏远。①

1931年下半年，陈垣离开燕大，二人见面的机会少了许多，燕大共事期间的矛盾也逐渐淡去。陈垣离开燕大后不久，顾颉刚还去拜访过陈垣，欣赏他收藏的书画。②但此后二人相互拜访和书信往来的频率确实大大降低了。③1933年9月以后，顾颉刚与陈垣的交往又多了起来，二人恢复了通信和相互拜访。1934年，经陈垣推介，顾颉刚开始关注岑仲勉及其研究，并力邀岑仲勉给《禹贡》撰文。虽然岑仲勉最终未能给《禹贡》供稿，但顾颉刚对岑仲勉的关注一如既往。④陈垣与顾颉刚，虽然治学领域不同，但对岑仲勉的欣

---

① 详见本章第二部分"交往、矛盾与合作：燕大时期的陈垣与顾颉刚"。
② 《顾颉刚日记》第2卷，1931年11月12日，第580页。
③ 以1932年为例，据《顾颉刚日记》统计，全年顾颉刚仅拜访陈垣两次，陈垣拜访顾颉刚一次，且没有顾颉刚给陈垣写信的记载。
④ 1957年，岑仲勉出版新著《黄河变迁史》（人民出版社，1957），顾颉刚急于一观，不及购买，借来谭其骧所购之书连读两天看完（《顾颉刚日记》第8卷，1957年8月30日、31日，第301~302页）。岑仲勉的《两周文史论丛》是顾颉刚晚年读得最多的先秦史著作之一，甚至到了"文革"形势极为严峻的1967年，顾颉刚在病中仍连续数日阅读此书（《顾颉刚日记》第10卷，1967年9月3日至12日，第725~740页）。

赏是一致的。陈、顾的友谊，在燕大共事之后归于平淡，但未断绝，一直保持到三十余年后陈垣去世。

4. 1937年7月至1971年

卢沟桥事变爆发后不久，顾颉刚离开北平，[①]此后八年间辗转各地。陈垣则在北平困居八年，苦苦支撑辅仁大学。抗战期间，二人通信完全断绝。再次见面，已是1946年初。[②]而后顾颉刚常住上海，陈垣仍居北京，彼此罕有往来。直至1954年8月顾颉刚移居北京后，陈、顾之间才恢复了一定频率的交往。顾颉刚到京后任中科院历史研究第一所一级研究员，陈垣则担任历史研究第二所所长。时隔二十年，二人又成为同事。此时陈垣已年近八旬，多病体衰，很少参与历史研究所的日常工作。顾颉刚和陈垣在这一时期实际上的共事，不在中科院，而在"二十四史"点校工作，他们在垂暮之年共同为这项重大学术工程呕心沥血。

"二十四史"的点校最初是分头进行的，最早开始也是最早完成的是顾颉刚主持的"三家注"《史记》的点校。这项工作在1958年末就已完成，[③]于1959年9月出版。而陈垣正式承担《旧五代史》《新五代史》的点校工作则是在1961年2月。[④]陈垣在柴德赓、刘乃和的协助下做了大量的工作，这本应是他一生中的一个重大学术成果。但在"文革"开始

---

① 《顾颉刚日记》第3卷，1937年7月21日，第668页。
② 《顾颉刚日记》第5卷，1946年2月14日，第608页。
③ 顾潮编著《顾颉刚年谱（增订本）》，第362页。
④ 刘乃和、周少川、王明泽、邓瑞全：《陈垣年谱配图长编》，第773页。

后，点校工作被迫中断。1967年，新旧《五代史》材料被中华书局取走。① 此后陈垣的身体每况愈下，于1970年末住进北京医院。

1971年4月7日，顾颉刚接到周总理的指示，命他主持标点"二十四史"的工作。② 顾颉刚日夜操劳此事，制订计划，积劳成疾，于5月1日住进北京医院。③ 此时陈垣正在北京医院住院治疗，但已经口不能言，处于生命垂危期。④ 在陈垣生命的最后时期，顾颉刚成为陈垣的邻屋病友。

顾颉刚入院当日，刘乃和即来拜访。在顾颉刚住院不到一个月的时间里，刘乃和基本隔日就去看望。顾颉刚制订的点校"二十四史"计划中，称陈垣为"史学界的鲁殿灵光"，点校中遇到疑难问题也会托刘乃和询问陈垣。⑤ 可惜此时陈垣已走向生命的尽头，但他最放不下的还是新旧《五代史》的点校。刘乃和几次找顾颉刚谈标点新旧《五代史》之事，⑥ 但此时陈垣已在弥留之际，柴德赓亦已于一年半前去世。重新开启"二十四史"点校工作后，最终把《旧五代史》的点校移交给复旦大学，⑦ 把《新五代史》的点校移交给

---

① 刘乃和、周少川、王明泽、邓瑞全：《陈垣年谱配图长编》，第847页。
② 《顾颉刚日记》第11卷，1971年4月7日，第299页。
③ 《顾颉刚日记》第11卷，1971年5月1日，第305页。
④ 刘乃和、周少川、王明泽、邓瑞全：《陈垣年谱配图长编》，第857页。
⑤ 顾颉刚：《整理国史计划书》，收入《宝树园文存》卷2，第457页。
⑥ 《顾颉刚日记》第11卷，1971年5月15日，第309页；5月18日，第310页。
⑦ 《点校本旧五代史修订前言》，《旧五代史（点校二十四史修订本）》，中华书局，2016，第11页。

华东师范大学。[1]

1971年5月26日，顾颉刚病愈出院，[2]但陈垣已经走到生命的终点，在二十多天后的6月21日溘然长逝。[3]6月24日，顾颉刚参加了陈垣的追悼会，为这位相交五十年的老友送别。

二 交往、矛盾与合作：燕大时期的陈垣与顾颉刚

如上文所述，陈垣与顾颉刚五十年的交谊，以在燕京大学共事的近三年最为密切。在此期间，陈、顾二人的关系像乘坐一次轨道陡峭的过山车，迅速达到友谊的顶点，也迅速滑落。虽然二人的交谊有起有伏，但也正是在这一阶段前后，陈、顾共同培养出几位杰出的学生。下面对二人在此期间的交往进行叙述。

1. 交谊顶点：围绕顾嗣协诗文集的交往

顾嗣协（1663~1711），字迂客，一字依园，号楞枷山人。与其弟顾嗣立都是清初康熙年间苏州唯亭顾氏先人中比较著名的文人。顾嗣协虽非顾颉刚一脉的直系先祖，但顾颉刚与其父顾柏年对他们非常关注，特别留意搜集其编订、校

---

[1] 《点校本新五代史修订前言》，《旧五代史（点校二十四史修订本）》，中华书局，2016，第11页。
[2] 《顾颉刚日记》第11卷，1971年5月26日，第313页。
[3] 刘乃和、周少川、王明泽、邓瑞全：《陈垣年谱配图长编》，第858页。

注、整理和创作的书籍的各种版本，见于《顾颉刚文库古籍书目》的便有三十余种①。

1930年3月26日，陈垣去顾颉刚家中拜访，②见到顾颉刚收藏的康熙三十九年（1700）顾氏秀野草堂刻本（即初刻本）的顾嗣协《依园诗集》，查阅1929年顾廷龙所书题跋③后释其旧惑，欣喜之余书写了题记：

> 公撰《冈州遗稿》，署康熙庚寅闰七月，而道光《新会志·官迹传》谓公四十九年七月卒。吾夙疑之。今阅此跋，知公实卒于康熙五十年辛卯七月，前疑顿释，为之一快。民国十九年三月，新会陈垣拜观。④

顾嗣协所撰《依园诗集》，经顾嗣立删定，于康熙三十九年刊行。陈垣之所以对顾嗣协如此关注且熟悉，是因为顾嗣协曾于康熙四十六年（1707）任广东新会县令，是陈垣家乡的父母官。顾嗣协为官清廉，注重文教，后卒于新会任上，为新会人所感怀。顾嗣协发现新会文人所作的诗文散佚多而结集少，遂与其弟顾嗣立收集新会元明清三代文人的诗文遗稿，共择选出五十九人的诗文一千余篇，校订编成《冈州遗稿》六卷，于康熙四十九年由顾嗣协绿屏书屋刊刻行世。⑤这

---

① 顾洪、张顺华编《顾颉刚文库古籍书目》，中华书局，2011。
② 《顾颉刚日记》第2卷，1930年3月26日，第387页。
③ 顾洪、张顺华编《顾颉刚文库古籍书目》，第743~744页。
④ 顾洪、张顺华编《顾颉刚文库古籍书目》，第874页。
⑤ 江汇：《顾嗣协、顾嗣立藏书刊书事迹考略》，《黔南民族师范学院学报》2009年第5期。

第一章　浮沉各异势　殊途而同归

是有清一代新会文坛的重要成果之一,故陈垣熟读《冈州遗稿》,对顾嗣协也非常熟悉。

陈垣了解到顾家父子有收集顾嗣协著作的志愿,五个月后,他携自藏《玉台诗集》抄本赠予顾颉刚。顾颉刚在日记中写道:

> 迁客公所作《依园集》,前岁得之杭州。所刻《冈州遗稿》,父大人去岁得之上海。今援庵先生又以新得《玉台集》写本见赠。①

顾嗣协为官于新会期间,其弟顾嗣立曾去探访,寓居官署半载,将当地文人儒生唱和的诗作汇集删定为《玉台诗集》。②陈垣将自己寻得的《玉台诗集》抄本赠予顾颉刚,可以说是考虑周到且颇费心思:其一,这部诗集是顾氏先人与陈垣故乡历史渊源的见证,对双方都有不寻常的意义;其二,陈垣关注到顾氏父子在收藏顾嗣协、顾嗣立著作,既投其所好又成人之美;其三,此书极为罕见,陈垣将自藏写本见赠,是送出了一件具有相当价值和分量的礼物。顾颉刚在当年冬季南下省亲时就将此抄本带回,送至其父顾柏年处收藏。顾柏年在此抄本上写下题记,惊喜之情一读可知。此后又以其他刊本校对陈垣所赠抄本。③此书顾颉刚一直珍藏,

---

① 《顾颉刚日记》第2卷,1930年8月15日,第429页。
② 江汇:《顾嗣协、顾嗣立藏书刊书事迹考略》,《黔南民族师范学院学报》2009年第5期。
③ 顾洪、张顺华编《顾颉刚文库古籍书目》,第853页。

15

虽历经多次藏书离散，始终没有失掉。①

陈垣与顾颉刚的交谊，围绕着二人共同的历史渊源——曾任新会县县令的顾氏先人顾嗣协——在1930年春夏达到最高点。此时二人的交往，已有些世交的意味；且二人同为学问家兼藏书家，有了这样一次愉快的书籍交往，彼此的情谊可以说大大增进了。但私人关系的越发亲近，无法改变二人工作中渐行渐远的事实。此后不久，陈、顾就在燕京大学国学研究所和《燕京学报》的工作中产生不合。

2. 矛盾产生：陈、顾处理燕大事务的龃龉

陈垣与顾颉刚在燕京大学期间的矛盾，远不如顾颉刚与鲁迅、傅斯年等人的矛盾影响大，历来关注不多。关于此事，陈垣一方几乎没有任何材料留下，只能以《顾颉刚日记》中所见到的记述为主线，以其他史料为佐证，进行叙述和分析。根据现有材料梳理出的事件经过来看，主要是顾颉刚对陈垣的不满。

陈、顾二人燕大共事期间，陈垣为国学研究所所长，顾颉刚为导师研究员，②兼任《燕大学报》主编。国学所由所长主持一切工作，尤其是一切经费支出必须由所长签字。③而《燕京学报》的相关费用，也归属于国学所名下，需陈垣签字方能支出。

---

① 顾洪、张顺华编《顾颉刚文库古籍书目》，第597页。
② 《本校国学研究所学则》，《燕京大学校刊》1929年12月13日。
③ 《燕京大学国学研究所所章（民国十八年十月）》，王学珍、张万仓编《北京高等教育文献资料选编（1861~1948）》，首都师范大学出版社，2004，第616页。

第一章　浮沉各异势　殊途而同归

顾、陈共事约一年后，即1930年10月，顾颉刚第一次在日记中表达了对陈垣的不满，顺便也记下了同为国学研究所导师和《学报》编委的容庚对自己的批评：

> 今日以《燕京学报》稿费单请援庵先生签字，他正在挑剔（这是老例，非此不足以表示其所长之地位），希白在旁插口道，"你看文章太宽，什么人的文章都是好的"（这也是他的老话，今日又说一遍而已）。我被两种气夹攻，一时愤甚，即道，"我不编了！"因此之故，终日头痛，夜且失眠。予之为人，在讨论学问上极能容忍，而在办事上竟不能容忍如此。《学报》事到年底必辞，记此勿忘。①

一个多月后，顾颉刚再次在日记中斥责陈垣，言辞更加激烈：

> 陈援庵先生近年太受人捧，日益骄傲，且遇事包而不办，又不容人办，故燕大研究所虽有巨款而无成绩，且无计划，其诡诡之声音颜色，直拒人于千里之外。此间有吴雷川作校长，有陈援庵作所长，自应成官僚化矣。予现在编《燕京学报》，不能不与之接触，每见辄感不快，决定明年摆脱矣。②

---

① 《顾颉刚日记》第2卷，1930年10月1日，第444页。
② 《顾颉刚日记》第2卷，1930年11月20日，第461页。

治史与取径：陈垣、顾颉刚学术散论

此时顾颉刚对陈垣已是"每见辄感不快"，全无两年前在广州相见的惊喜之感。此后这种不满表现得更为明显：

> 援庵先生对于燕大购书委员会向来把持，别人不购的他偏要购，别人要购的他偏不购，以此同事都厌恨他。但今日却缺席了。缺席的缘故是说城中有应酬。我却知道，是为北平研究院史学研究会开会，有出席费二十元的缘故。①

从不满陈垣摆所长架子，到斥其为无用官僚、见之则厌，再到直指他被众人"厌恨"、为二十元钱奔走，可以看出在短短三个多月的时间里，顾颉刚对陈垣的不满情绪是不断上升的。对比当年顾参观陈垣所办平民学校，称赞"极有精神"，已不可同日而语矣。当然，这只是顾颉刚在其负面情绪影响下写在自己日记中的一面之词，难免有言过其实之处。事已至此，二人之间的合作共事实难以继续。因此，顾颉刚致信容庚，请他接替自己担任《燕京学报》主编：

> 弟南游三载，所得经验，不敢有权。今以弟为《学报》编辑主任，人家以为弟尚有地盘，或将误会弟为研究所主任，更多麻烦，捧者又来捧，攻者又来攻，又将从此扰攘。故不如弟不居其名而居其实。作稿，一也。拉稿，二也。看稿，三也。此三事，弟只要力之所至，

---

① 《顾颉刚日记》第 2 卷，1931 年 1 月 21 日，第 486 页。

第一章　浮沉各异势　殊途而同归

无不竭力为之。①

此信所说的理由，主要是怕自己居于主编职位，引人吹捧或攻击。这固然是顾颉刚在中山大学任教时的教训，但似乎无法解释此时卸去《学报》主编的缘由。如果真的"不敢有权"，彻底淡出《学报》事务即可，不必"不居其名而居其实"，也不必继续"拉稿""看稿"；反倒是不任主编之职而继续承担主编之事，即可不再与陈垣等打交道而仍能依托《学报》平台做事。1931年下半年陈垣辞去国学研究所所长之职，1932年4月国学研究所撤销；②1932年第2期《燕京学报》顾颉刚就复任主编。这说明顾颉刚不愿任主编，主要是对陈垣做事风格和国学所体制的不满。

顾颉刚在1930年11月20日的日记中对陈垣大加抱怨后，也写下了对于自己总与上司产生分歧的原因的分析：

> 予之性质，亦甚刚愎，故任事以来，对于上司皆感不满，仅朱騮先先生为例外耳。然予自分极愿人发展，凡人之有一才一技者必使展其所长，且日益进步，只此一念即与今之有权者大异其趋，盖彼辈皆好同恶异，求维持其势力，而自己懒得用功，遂畏他人之起而夺之，我则无是也。③

---

① 1931年1月2日《致容庚》，《顾颉刚书信集》卷2，第190~191页。
② 王蕾：《图书馆、出版与教育：哈佛燕京学社在华中国研究史（1928~1951）》，广西师范大学出版社，2018，第34、35页。
③ 《顾颉刚日记》第2卷，1930年11月20日，第461页。

治史与取径：陈垣、顾颉刚学术散论

我们今天再看这段话，顾颉刚对自己的认识固然是准确的，他确实是一个爱才之人，只要遇到有才华者，都会热情地举荐，为之提供发展机会。被顾颉刚当作对立面形象的，则是手握权柄而懒于用功、不敢举荐贤才而只愿党同伐异之人。而这个反面形象，客观来说，显然与陈垣并无关系。陈垣遍览四库，著述不断，可谓用功之典范；陈垣之爱才荐才，也丝毫不逊于顾颉刚，学界早有公论，[①]佳话不胜枚举。他甚至和顾颉刚一样，因为爱惜青年才俊，有"看文章太宽"的毛病。在顾颉刚任《燕京学报》主编期间，《学报》就曾发表陈垣极力推荐的方壮猷《鲜卑语言考》一文[②]。陈垣乍看此文，觉得方壮猷通晓多种语言，是不可多得的人才，力主将此文发表于《燕京学报》，没想到方氏此文是翻译白鸟库吉的《东胡民族考》而来，发表不久就被识破，造成了颇为尴尬的局面。[③]而此文的编校者，正是顾颉刚。陈、顾二人，在惜才爱才、提携青年才俊这一点上，其实是一样的心情、相似的做法。

因此顾颉刚的这段话，大概只能作为泛泛的人生感慨，而无法解释他与陈垣合作破裂的深层原因。至于被顾颉刚引为知己的上司朱家骅，则在后来一手造成了顾氏被后人诟病的献九鼎之事。[④]反观顾颉刚无论是在中山大学和史语所与

[①] 牟润孙：《发展学术与延揽人才——陈援庵先生的学人丰度》，收入《海遗丛稿二编》，中华书局，2009，第115~122页。
[②] 方壮猷：《鲜卑语言考》，《燕京学报》第8期，1930年。
[③] 《燕京学报编辑委员会启示》，《燕京学报》第9期，1931年。
[④] 见《顾颉刚日记》第5卷，1943年1月15日，第15页；1月28日，第18页；2月28日所附27日剪报，第33页。

第一章　浮沉各异势　殊途而同归

傅斯年的冲突，还是在燕京大学与陈垣的矛盾，均未造成实质的负面影响，正可谓"美疢不如恶石"也。

顾颉刚与陈垣，都是爱才举才的真读书人，为何会难以合作？与傅斯年的火暴脾气不同，陈垣老成持重，处世圆融。陈、顾矛盾与顾、傅之"一山难容二虎"不同，主要是二人不同的经历造就的处事方法和心境的差异导致的。

其一，陈垣身处民国初年风云诡谲的政坛十几年，数任要职而不留恶名，其处理事务必定细致周全，甚至近乎圆滑。这是个人经历决定的，并无可厚非。当然，这样的作风在颇有书生意气且一心做事、刚猛进取的顾颉刚看来，未免太"摆架子"，官僚气息过于浓厚。但职掌一个具有相当规模的机构，上有多方掣肘，下有众口难调，岂能不深思熟虑甚至如履薄冰？后来顾颉刚成了"顾老板"，掌握一方机构和刊物，做事也不得不权衡各方利益，甚至难免多思多虑。①

其二，此时的顾颉刚在学界已经成名，他需要主导学术机构和学术刊物，建立自己的学术体系，实现自己的宏大计划。在这种背景下，国学所的财务大权和行政权力都被陈垣掌握，最好的学术资源也自然优先陈垣，②客观上是不能

---

① 顾颉刚在齐鲁大学国学研究所主事时曾感慨道："当家真不容易，我虽从事教育廿年，但从未独当一面。一则上须对付校中当局及有力同事，中须管理研究所职员，次须管理研究生，下须管理仆人，外须对付当地士绅，实觉不易措置。"（《顾颉刚日记》第4卷，1940年9月26日，第432页）

② 顾颉刚曾申请升为"学侣"（fellowship），遭遇一些阻力，洪业提出"只要请陈援庵为第一个学侣，顾某为第二个好了"。说明即使是级别的提升，也要以陈垣居先。见《顾颉刚日记》第2卷，1931年3月14日，第507页。

21

满足这一时期顾颉刚的发展需求的。而顾颉刚素来以学术为先，一旦他有合理的学术计划因客观原因无法实现，必然会竭力争取。而这种争取，在其他人看来，就成了"到一处闹一处"了。①陈垣离开燕大，顾颉刚成为燕大历史学无可争议的第一人，与容庚共同主编《燕京学报》。"顾老板"的名号，也就是此时叫起来的。②

其三，顾颉刚南下三年，饱受人际关系冲突之苦：与鲁迅、傅斯年的矛盾闹得沸沸扬扬、人尽皆知，与老师胡适之间的关系也变得十分微妙，又和同吃同住十年的密友潘家洵反目。厦门和广州的经历，无疑给顾颉刚造成了明显的心理创伤，让他在很长时间里都十分敏感多疑。③顾颉刚与他的第一位入室弟子何定生的关系破裂，与此也有直接关系。④顾颉刚觉得陈垣拒人千里之外、"日益骄傲"，都是以消极的态度解读、定义陈垣的行为。这种消极的心态，也是造成顾、陈共事不快的原因之一。

到1931年下半年，燕京大学国学所发展势头不佳。此时陈垣已是辅仁大学校长和北师大历史系主任，在洪业提

---

① 《顾颉刚日记》第2卷，1931年3月11日，第505页。
② 《顾颉刚日记》第2卷，1931年9月9日，第561页。这一天的日记载："沪上流言，北平教育界有三个后台老板，一胡适之，一傅孟真，一顾颉刚。"这是"顾老板"之称第一次出现。
③ 有一件小事可以说明顾颉刚当时的心境。顾颉刚整理藏书之时，一时未寻得《国语正义》，便认为"一定是懂书的人所窃，不是毛贼"。此后寻得了此书，才知道是瞎疑心（见《顾颉刚日记》第2卷，1930年7月19日，第421页）。
④ 王学典主撰《顾颉刚和他的弟子们（增订本）》，中华书局，2011，第100~104页。

出解散国学所的动议后，陈垣即辞去所长职务，[1]体面地退出了燕京大学。次年4月，燕大国学所正式撤销。顾颉刚与陈垣的矛盾，也在此时画上了句号。虽然此后还偶有小小余波，但陈、顾交谊已进入漫长的平淡时期，基本未起波澜。

3. 大家之风：陈、顾共同培养的史家

20世纪20年代至40年代，陈垣和顾颉刚主要的工作场所均在大学，教授的学生众多，更有很多学生兼受两位先生的教诲。在顾颉刚执教燕京大学期间（前期陈垣与之共事，后期陈垣主要在辅仁大学工作），陈、顾共同培养了一批学生，其中有若干位成长为著名的历史学家，代表人物有翁独健、牟润孙、史念海等。

翁独健于1928~1935年先后就读于燕京大学历史系和研究院，获学士、硕士学位。在燕大的七年间，恰逢陈垣、顾颉刚先后在此工作。翁独健确定以元史为研究领域，很大程度上正是受到陈垣的影响。陈垣是当时中国最重要的元史研究者之一，翁独健在大一时就已听过陈垣讲授的"中国史学评论"课程。陈垣在许多场合都曾说过要把汉学中心抢回北京来，影响了一批人；[2]翁独健就是在燕大的课上听到陈垣的这段话，深受影响，立志研究蒙元史。[3]可以说陈垣是带领

---

[1] 王蕾：《图书馆、出版与教育：哈佛燕京学社在华中国研究史（1928~1951）》，第34页。
[2] 桑兵：《晚清民国的国学研究》，北京师范大学出版社，2014，第187页。
[3] 翁独健：《我为什么研究元史》，《文史知识》1985年第3期。

治史与取径：陈垣、顾颉刚学术散论

翁独健走上蒙元史研究道路的最重要的老师之一。而翁独健在燕大研究院读研究生时，顾颉刚始终是研究院的导师，二人有师生名分。①这期间顾颉刚与翁独健交流颇多，二人还一度共用一屋；②翁也是顾颉刚最欣赏的燕大史学系学生之一，对之寄予厚望。③在翁独健毕业出国前，顾颉刚冒雪赴其家，与他讨论《三皇考》中的问题，④并邀请他为《三皇考》写跋，后刊载于《古史辨》第7册。⑤此跋是《三皇考》的重要补充，体现了翁独健的学力与视野，可视为其学术生涯中发表的第一篇重要论文。

牟润孙于1929年考入燕京大学国学研究所，分配的导师就是顾颉刚。⑥但牟润孙倾向古文经学，对顾颉刚的观点和方法兴趣不大，对陈垣的治学路径却很感兴趣。在燕京大学国学研究所期间，牟润孙基本跟从陈垣受教，毕业后在陈垣的安排下先后进入辅仁中学、辅仁大学任教。⑦同时，他

---

① 翁独健在文章中称顾颉刚为"顾颉刚师"（见翁独健《〈三皇考〉跋》，《古史辨》第7册中编，上海古籍出版社，1982，第275页）；顾颉刚去世后，作为顾颉刚的学生，翁独健还曾和谭其骧一起为顾颉刚藏书入藏社科院一事奔走（见葛剑雄《读万卷书：葛剑雄自选集》，鹭江出版社，2018，第84页）。
② 《顾颉刚日记》第3卷，1934年6月29日，第203页。
③ 《顾颉刚日记》第2卷，1932年12月9日，第718页。
④ 《顾颉刚日记》第3卷，1934年12月3日，第277页。
⑤ 翁独健：《〈三皇考〉跋》，《古史辨》第7册中编，第275页。
⑥ 《顾颉刚日记》第2卷，1929年10月7日，第330页；10月16日，第333页。
⑦ 牟润孙：《励耘书屋问学回忆——陈援庵先生诞生百周年纪念感言》，收入陈智超编《励耘书屋问学记：史学家陈垣的治学（增订本）》，生活·读书·新知三联书店，2006，第71~72页。

也始终以顾颉刚弟子自居。[1]虽然在牟润孙就读期间，陈、顾二人的关系已经开始疏远，但在《顾颉刚日记》中，不仅看不到任何对于牟润孙亲近陈垣的不满，反而很认可牟润孙师从陈垣做出的成果。[2]1935年，顾颉刚去信牟润孙"申诫"之，[3]批评他"六年来未有一事成功"，并勉励他"挺起脊梁，力自振作，每日必读若干书，必写若干字，有精神固做，无精神亦做，勿肆意于应酬，勿费时于闲谈"，[4]完全是老师对弟子恨铁不成钢的语气。收到顾颉刚的"申诫信"后，牟润孙表示要"自定日程，尽力之所及，埋首读书，杜绝应酬，并遵示每日作日记、笔记"，[5]其实就是亦步亦趋地模仿顾颉刚的读书工作模式。牟润孙在1935年之前，基本没有文章发表；此后数年，他在《禹贡》《辅仁学志》等学术刊物上发表论文多篇，为其《注史斋丛稿》打下了基础。牟润孙名义上的导师是顾颉刚，实际师法陈垣；而他在著书立说的事业上有所成就，也离不开顾颉刚的言传身教。

史念海于1932年进入辅仁大学学习，此时陈垣的工作重心已经转移至辅仁，讲授"大一国文""史源学实习""中

---

[1] 牟润孙：《敬悼顾颉刚先生——兼谈顾先生的疑古辨伪与提携后进》，收入《海遗丛稿二编》，第214~218页。
[2] 在《顾颉刚日记》1932年末尾所附当时各领域史家名单上，顾颉刚在"民族史"一条中将牟润孙列为第一（见《顾颉刚日记》第2卷，第726页）。其时牟润孙主要的学术成果只有他跟随陈垣完成的研究生论文《历代蕃姓考》，正属民族史领域。顾颉刚因此将牟润孙列入当时的"民族史"研究者之列，可见他很欣赏牟在陈垣指导下的学习研究成果。
[3] 《顾颉刚日记》第3卷，1935年7月17日，第367页。
[4] 《顾颉刚书信集》卷3，第42页。
[5] 《顾颉刚书信集》卷3，第43页。

国史学名著评论"多门课程，史念海即在"中国史学名著评论"课上亲炙于陈垣，其毕业论文《钱竹汀先生之史学》也受到陈垣的专门指导。①此文后来被顾颉刚看中，发表于他在北平研究院主持的刊物。②史念海与顾颉刚的师生关系，更为人熟知。史在辅仁大学期间，选修了谭其骧的课程，开始致力于历史地理研究，并在《禹贡》半月刊上发表多篇论文，因此结识了顾颉刚。史念海还未毕业时，顾颉刚就与他合作撰写《中国疆域沿革史》；大学一毕业，顾颉刚就吸纳史念海进入禹贡学会，使其得以专心治学。此后史念海在编译局和文史杂志社的工作，均为顾颉刚介绍，他也时常接受顾颉刚的指导。③观史念海早年在《禹贡》半月刊上发表的文章，专业上固然属于顾颉刚倡导的历史地理领域，但内容上侧重史料整理、对勘和考证，则更接近于陈垣所提倡的治学风格。

三 殊途同归：陈垣、顾颉刚治学路径的异与同

按照一般的认识，陈垣与顾颉刚在治学上似乎是差异为主，而鲜有共通之处。陈垣的研究基本不涉秦汉以上；顾颉刚则以先秦史研究著称。陈垣著文简约精要，篇幅往往不

---

① 史念海：《忆先师陈援庵先生》，《史学史研究》1990年第3期。
② 史念海：《钱竹汀先生之史学》，《国立北平研究院院务汇报》第7卷第3期，1936年。
③ 参看史念海《顾颉刚先生与禹贡学会》，《中国历史地理论丛》1993年第3期；《我与中国历史地理学的不解之缘（上）》，《中国历史地理论丛》1998年第2期。

第一章　浮沉各异势　殊途而同归

长；顾颉刚行文则纵横捭阖，洋洋洒洒，多宏文巨著。陈垣内敛深沉，少发议论，文章中基本不见个人情感的表露；顾颉刚则常将自己的志向与经历撰文发表，充满感情。陈垣提倡定"小"计划，作"小"题目，稳扎稳打；顾颉刚则好定"大"计划，作"大"题目，自嘲"好大喜功""贪多务得"[①]。陈垣的考证号称"无懈可击"[②]，同时代甚少有驳之者；顾颉刚论古史或见疏漏，不仅驳之者众多，更有"大禹是条虫"之讥讽和"默证"之诘难。陈垣致力于古代宗教、历法，其研究颇为冷门，虽享盛誉，但多不是学界和社会关注的焦点；顾颉刚推翻三皇五帝体系，在当时的学界和社会上都产生了巨大影响，[③]至今还是"热门话题"。陈垣师法乾嘉诸老而青出于蓝，被誉为"钱晓徵以来未之有也"[④]，"不为乾嘉做殿军"[⑤]，虽不治经学，严格意义上不好以今古文论定，但就治学路径而言，显然纯乎古文家路数；顾颉刚则自诩为今文家的信徒，以康有为、崔适之后学自居。[⑥] 这样迥异的

[①]《顾颉刚日记》第2卷，1930年4月27日，第396页。
[②] 严耕望：《治史三书》，上海人民出版社，2011，第174页。
[③] 当时《古史辨》销往全国各地，许多人在回忆中都提到青少年时曾读过《古史辨》。1934年顾颉刚赴绥远考察时，曾在平地泉镇（今属内蒙古自治区乌兰察布市察哈尔右翼前旗）只有一柜藏书的东桥图书馆中见到有《古史辨》（《顾颉刚日记》第3卷，1934年7月17日，第213页），可见此书影响之大。
[④] 陈寅恪：《重刻〈元西域人华化考〉序》，陈垣撰，陈智超导读《元西域人华化考》，上海古籍出版社，2000，第158页。
[⑤] 语出邵循正为陈垣所拟挽联。见史树青《励耘书屋问学札记》，收入陈智超编《励耘书屋问学记：史学家陈垣的治学（增订本）》，第210页。
[⑥]《顾颉刚日记》第6卷，1949年1月5日，第401页；第9卷，1961年12月24日，第372页。

27

两种治学风格,实际上亦存在着密切的内部关联。

1. 陈垣、顾颉刚对对方学术研究的认识与评价

在20世纪二三十年代,陈、顾二人对彼此学术风格与学术贡献的认识虽不是全然推崇与肯定,但也谈不上明确的否定。

自梁启超、胡适开始,近现代史家对章学诚多有推崇,顾颉刚也不例外。他对章学诚评价极高且深受其影响,[①]认为刘知幾也不及章学诚[②]。而很少臧否人物的陈垣却对章学诚非常不屑,他虽然没有公开撰文表达过这点,但常对自己的弟子批评章学诚。陈垣不仅讥讽章学诚为"乡曲之士"、读书太少,[③]更直斥《文史通义》"全说错了",[④]甚至还高价购入章学诚的"劣书"示众以警告弟子。[⑤]柴德赓是陈垣最亲近的入室弟子和学术上的传承人,他写过一篇评价章学诚的文章,当可间接反映陈垣的思想。[⑥]柴德赓虽然肯定了章学诚在一些方面的贡献,但他认为章学诚的思想不算进步,学术水平也有问题,认为章所著书中不仅多见常识性错误,而且"想得多,做得少"。最后总结道:"像章学诚这样一位学者,

---

① 顾颉刚:《古史辨第一册自序》,收入《顾颉刚古史论文集》卷1,中华书局,2011,第79~80页。
② 1920年10月28日《致胡适信》,《顾颉刚书信集》卷1,第284页。
③ 牟润孙:《励耘书屋问学回忆——陈援庵先生诞生百周年纪念感言》,收入陈智超《励耘书屋问学记:史学家陈垣的治学(增订本)》,第76页。
④ 牟润孙:《谈谈我的治学经历》,《文史知识》1988年第2期。
⑤ 启功:《夫子循循然善诱人》,收入陈智超编《励耘书屋问学记:史学家陈垣的治学(增订本)》,第137页。
⑥ 柴德赓:《试论章学诚的学术思想》,《光明日报》1963年5月8日。

第一章　浮沉各异势　殊途而同归

我觉得近来肯定的过多了些，批评则太少了。这样，会给人一种错觉，引到一种错误的方向上去。"①

在近代乃至现代史家中，陈垣及其弟子们是极罕见的对章学诚持总体否定态度的学者群体，这一认识的根源自然在陈垣。如果说陈垣对胡适、顾颉刚等人推崇章学诚的做法不以为然，大概是没有问题的。桑兵认为，陈垣贬低章学诚，"实有讥讽力捧章的胡、顾之意"。②陈垣究竟有无此意，没有直接的材料能够证明。但既然陈垣看低章学诚的学问，还曾言"读书少的人好发议论"，那么对章学诚推崇备至且确实"好发议论"的顾颉刚（至少是20世纪20年代的顾颉刚），其治学风格与路径应当不是陈垣所欣赏和推崇的。

至于陈垣是否对疑古思潮持否定态度，实无直接材料可以说明。③1929年，担任北师大历史系主任的陈垣亲自将聘书送至顾颉刚家中，延请顾颉刚每周在师大讲授两小时的古史研究。④如果陈垣完全看不上顾颉刚的古史研究，还有很

---

① 以当下的视角看柴德赓对章学诚的批评，固然有对的地方，但也不乏门户之见。柴德赓继承陈垣的治学方法，纯然汉学家路数，他对学兼汉、宋的章学诚的批评，其中一部分正是不满章学诚对宋学的推崇。另外，陈垣早年从事反清革命，比较关注且心理上偏向"反清"的学者，柴德赓受其影响，对章学诚批评反清遗民也持否定态度。
② 桑兵：《晚清民国的国学研究》，第51页。
③ 牟润孙称陈垣对"当时疑古学派都很不以为然"（《敬悼先师陈援庵先生》，收入《海遗丛稿二编》，第82~83页），但他举出的事例只能说明陈垣认为贸然将一部书定为伪书的做法是很危险的。陈垣确实对辨伪持谨慎的态度（参看陈垣《〈中国历史研究法〉批注》，收入《陈垣全集》第22册，安徽大学出版社，2009，第168页），但疑古派的工作远不止"判定伪书"，陈垣对辨伪的谨慎，并不意味着对疑古派持完全否定态度。
④ 《顾颉刚日记》第2卷，1929年9月16日，第324页。

多其他的人选，譬如他的挚友张星烺就是讲三皇五帝的。[①]他专门聘请顾颉刚讲古史，说明至少在一定程度上认可顾颉刚的古史研究并认为其值得历史系学生了解和学习。

顾颉刚对陈垣学术成就的认识经历了一个变化的过程。在20世纪20年代至30年代初，陈垣的一系列重要成果陆续问世，其学术体系和学术地位也已基本确定。此时顾颉刚对陈垣学术成就的认识，以今天的眼光看，似乎是偏低了些。

顾颉刚1932年末的日记中附有一份其拟定的当时史学界各领域的专家名单，[②]这份名单代表了顾颉刚在20世纪30年代初对当时历史学界人士学术成就和学术地位的认识。由于篇幅所限，这里选引其中一部分。

考古

胡肇椿　袁复礼　李　济　董作宾　裴文中　翁文灏

社会史

陶希圣　吴文藻　郭沫若　嵇文甫

通史

丁文江　胡愈之　傅斯年　陈寅恪　陈衡哲　胡　适
罗家伦　杨筠如

[①] 赵光贤:《我的自述——学史贵有心得》，收入氏著《亡尤室文存》，北京师范大学出版社，2001，前言第5页。
[②] 《顾颉刚日记》第2卷，第726~729页。

第一章　浮沉各异势　殊途而同归

专史
薛澄清　叶国庆　朱士嘉　谢国桢　白寿彝　邵君朴
魏守谟　丁迪豪　郑振铎　齐思和　赵丰田　滕　圭
姚明达　贺昌群　谭慕愚

宗教史
许地山　陈　垣　陈懋恒　赵邦彦　江绍原　李镜池
黄　石

民族史
牟传楷　赵泉澄　谭其骧　杨成志　何观洲　辛树帜
史禄国　石声汉

言语史
魏建功　黄淬伯　黎劼西　刘半农　钱玄同　赵荫棠
顾廷龙　容　庚　商承祚　唐　兰　吴其昌　刘盼遂
瞿润缗　葛毅卿

交通史
张星烺　向　达　郑德坤　王　庸　黄文弼　张维华

民俗史
钟敬文　娄子匡　林培庐　张清水　谢云声　魏应麒
叶均仁　罗香林

31

治史与取径：陈垣、顾颉刚学术散论

年表及地图
刘汝霖　张颐年　邱继绳

易	刘 节	侯 堮		
书	刘盼遂	唐 兰	顾颉刚	
诗	顾颉刚	张寿林	郑振铎	
论语	赵贞信			
史记	徐文珊	赵 澄	栾植新	金德建
汉书	杨树达	钱 穆	赵贞信	
宋史	余 逊	吴其昌	赵万里	聂崇岐
辽史	冯家昇	鲍 汀		
金史	鲍 汀			
元史	翁独健	鲍 汀	张星烺	陈 垣
	张尔田			
明史	黎光明	李晋华	吴春晗	孟 森
律历、天文	钱宝琮	刘朝阳	唐 兰	
地理、河渠	郑德坤	谭其骧		
食货	王肇鼎			
礼乐、舆服、祭祀	李光信			
五行、符瑞	张福庆			
艺文	赵录绰	聂崇岐	胡鸣盛	
职官、选举	李延增	邓嗣禹		

今天看这份名单，对很多学者的定位是非常准确的；个别不准确的地方也有客观的因素，比如当时有些学者最重要

的学术成果尚未问世等。这份名单尤为特别的一点是，它充分地体现了顾颉刚个人的情感倾向。①从学术上讲，这种情感因素会影响客观性；但如果我们想分析顾颉刚内心的真实想法，这样的材料反而是最佳的。

对于陈垣，顾颉刚于此名单中将其列入"宗教史""元史"两栏。陈垣在这两个领域确实很有成就；"元史"一栏中与陈垣并列的基本都是当时正活跃在元史研究领域的专家或即将升起的新星，陈垣列于其中，问题不大。但"宗教史"一栏，似乎就有些问题了。

20世纪二三十年代，在宗教史研究领域，陈垣是当之无愧的最权威的史家，其成果在国际上都是领先的，当时已

---

① 譬如，此名单中将谭慕愚列于专史一栏，恐主要由于顾颉刚个人感情的驱使。不过将谭列于最末，说明顾颉刚固知其学问不足以列于此名单中。又如，列陈懋恒入宗教史，也实属牵强，因为陈是顾颉刚在燕京大学的学生，又作为顾颉刚编纂通俗历史读物计划的主要实践者，所以得到顾颉刚格外的关照。再如"考古"一栏，由于时代所限，将地质学家袁复礼和翁文灏列入无可厚非，将甲骨学家董作宾列入也不出当时公论，但将胡肇椿列为第一位，恐怕就有私人感情的作用了。此栏所列六人，袁复礼、翁文灏为地质学泰斗，董作宾为"甲骨四堂"之一，李济是哈佛人类学博士、公认的中国考古学"祖师爷"，裴文中是北京猿人头盖骨发现者，这五人在20世纪30年代以前，均取得过重大成就，且除了裴文中稍年轻，其余四人均在40岁上下。而胡肇椿虽也曾留学日本，专治考古学，但此时成就不大也无名气，年纪不到30岁，将之列为"考古"类专家第一名，肯定是不合适的。恰好1932年顾颉刚与胡肇椿多次来往并长谈（《顾颉刚日记》第2卷，1932年5月23日、5月29日、6月1日，第640、642、643页），其列胡为第一名，大概是受此影响。"言语史"一栏中无沈兼士，也大违常识。沈兼士专治文字音韵学，名声极大，且是顾颉刚在北大的老师，之所以未将之列入，或许是因为沈、顾二人在北大派系斗争中关系恶化的缘故。

有公论。[①]此名单中排列于陈垣前后的诸多学者，基本不能与陈垣相匹。许地山固然名满天下且治道教史，但在宗教史领域，其成就与陈垣不在同一等级。李镜池是许地山的学生，当时只是初出茅庐的宗教史研究者；陈懋恒是顾颉刚在燕京大学的学生，后来撰写了《中国上古史演义》等颇有影响的著作，但基本没有写过宗教史论著；赵邦彦在佛教史领域确有成就，但与陈垣相比，实难并列；江绍原、黄石均为近现代重要的宗教史专家和民俗学家，但其研究更偏重民俗学，顾颉刚不将之列入民俗史名单而列于此处，虽无大不妥，但二人的资历相较陈垣，仍有不小的距离。

顾颉刚列此表时显然比较随性，不少地方都将熟识者列在前，如"考古"之胡肇椿、"民族史"之牟传楷、"元史"之翁独健、"明史"之黎光明等。但也有许多条目是将开一时风气者或学术成就超绝者列于榜首，如"社会史"之陶希圣，"交通史"之张星烺、向达，"民俗史"之钟敬文，"史记"之徐文珊，"汉书"之杨树达，等等。顾颉刚与陈垣自然是熟识，如果他比较了解陈垣的宗教史著作或认同当时海内外学术界对陈垣宗教史研究的评价，将陈垣列于"宗教史"一栏的榜首本应是顺理成章的。而如此使陈垣泯然于诸家之中，或是反映了顾颉刚情感上的偏颇，抑或是对陈垣的学术成就了解有限。

另外，陈垣的"古教四考"与《元西域人华化考》，均为中西交通史的经典之作，"交通史"一栏中应有陈垣而实

[①] 参见桑兵《晚清民国的国学研究》，第190页。

无。此时《二十史朔闰表》《中西回史日历》均已问世数年，是当时极为重要的历法工具书，且陈垣曾将《中西回史日历》寄送顾颉刚，但"律历、天文"名单中亦无陈垣。又如，陈垣编有《敦煌劫余录》，还有一系列四库学成果，顾颉刚此前也了解，[①]但并未将他列入"艺文"一栏。[②] 由此可见这一时期，在顾颉刚的内心深处，对于陈垣的学术成就和学术地位，其实是有所低估的，至少是未有充分全面的认识。这或许也是受到二人此时关系不佳的影响。

但到了20世纪40年代，顾颉刚调整了自己的认识，对陈垣予以很高的评价。如1945年完成的《当代中国史学》高度肯定了陈垣在元史和中西交通史等方面的贡献；[③]在差不多同时期的《五十年来的中国史学》中，更是盛赞陈垣："元史学的研究，到此已开放了灿烂之花，于是学者的努力便转变了方向，那就是关于中西交通史的研究了。在这风气转换的当中，陈垣先生是一位最重要的人物。自屠、柯诸家之书出，他便着力于中西交通史的研究，所著《中西回史日历》是一部最重要的工具书，也是中西交通史的开山之作。"[④] 甚至又有些拔高了陈垣的学术贡献。

[①] 《顾颉刚日记》第1卷，1924年12月13日，第561页。
[②] 此名单中多见一人列入数栏，体例上完全允许。如顾颉刚和陈垣共同的弟子牟润孙，此时成果尚不多，已被列入"民族史""南史"两栏；唐兰入"言语史""书""律历、天文"三栏；黎光明入"近代史""汲冢书""明史"三栏；鲍汧、张西堂、顾廷龙、郑德坤等均同时列入三栏。
[③] 顾颉刚：《当代中国史学》，上海古籍出版社，2002，第100、111、112页。
[④] 顾颉刚：《五十年来的中国史学》，收入李孝迁编校《中国现代史学评论》，上海古籍出版社，2018，第113页。

2. 陈垣、顾颉刚学术的共通之处

陈、顾二人对彼此的研究，都存在不太认同或不感兴趣的地方，但最终对对方的学术成就也都有相对客观的认识。即使存在思想观念和风格倾向上的差异，二人在实际的研究中，也都无法回避彼此的治学路径和理念。今人谈及陈垣，主要标签有"竭泽而渔""史源学"等；谈及顾颉刚，最重要的标签之一就是"层累说"。这些关键词看上去风马牛不相及，陈垣与顾颉刚之间，似乎也看不到学术上的交叉与融会，但实际上，顾颉刚后期的论著越来越靠近陈垣所提倡的研究境界，而陈垣的一些观点与理念也与顾颉刚的主张多有相合之处。

首先，从顾颉刚的角度看。在"古史辨"运动早期，顾颉刚的论著虽然石破天惊，但部分论证因不够严密，招致颇多批评。1929年初，傅斯年曾当面批评顾颉刚是"上等的天分，中等的方法，下等的材料"，并劝顾颉刚"往民俗方面发展"，[①] 似有暗指顾颉刚治史学力有不逮之意。此时正是顾、傅二人冲突最激烈的时候，顾颉刚在日记中并未掩饰对傅斯年的批评之词，但对这样近乎苛刻的评判，日记中似乎

[①] 《顾颉刚日记》第3卷，1929年2月13日，第252页。杨树达以为傅斯年所言"下等的材料"是指顾颉刚致力于妙峰山、孟姜女之类的民俗学研究（《积微翁回忆录》，北京大学出版社，2007，第188页），但今读《顾颉刚日记》可知傅斯年做此评价的语境，他劝顾颉刚往民俗学方面发展，应当是认为顾颉刚在民俗学方面比在历史学方面做得好，似乎不会以"下等的材料"指顾颉刚的民俗学研究；且傅言"历史方法不过是一个历史观念而已"，可知"方法"主要指"历史方法"，那么"天分"与"材料"也应当是就历史学而言。

未予回应。这可能也表明当时的顾颉刚对此难以反驳。

但在1973年7月对此条日记的补记中，顾颉刚写到："材料是客观实物，其价值视使用者何如耳。岂能分高下乎？"顾颉刚自然是认为自己作为材料的使用者已经足以让材料发挥其最大价值，方才会在四十多年后做这样的补记，而此时顾颉刚对史料的搜集与运用，确已近乎陈垣提倡的"竭泽而渔"的程度。许冠三也认为晚年的顾颉刚在资料的运用上可与陈垣的代表作《元西域人华化考》"差堪匹敌"。[1]

顾颉刚学风的转变其实很早就已开始。在"古史辨"运动的后期，"破"（打破旧有古史体系）的工作大体达到目标，而面临"立"（重建新的古史体系）的问题时，研究的风格和路数必然要随着学术目标的变化而做出调整。从学理上讲，破坏一个体系只需要说明它无法容纳和解释部分史料或其依凭的部分史料是不真实的即可；而建立一个体系，则需要让已见到的所有史料都能被容纳和解释，且依凭的史料必须都是真实可靠的。重建古史体系，对史料搜集和史事考证的要求无疑大大提高了；而顾颉刚的另一学术领域——历史地理，则更需要细致入微的考证工作予以支持。

因此，从20世纪30年代开始，顾颉刚的研究逐渐走向细致绵密的道路，其著作在材料的运用上力求"竭泽而渔"而非止于举例说明。譬如他与杨向奎合著《三皇考》时，为了将《道藏》中关于"三皇""太一"的资料搜罗齐备，特请翁独健为其助力。这一时期顾颉刚主编的刊物也尤重考

---

[1] 许冠三：《新史学九十年》上册，香港中文大学出版社，1986，第115页。

证。譬如《禹贡》半月刊,每一期都会刊载多篇考证性论文,史念海曾称"仿佛乾嘉盛况,复见于斯"。①

晚年的顾颉刚在史料搜集和考证功夫上更臻炉火纯青之境。其代表成果,就是所谓"尚书十种"②,内容包含石经本《尚书》的搜罗整理、敦煌本及其他传抄刊印版本《尚书》的搜集、不同版本之间的校勘、相关出土材料的对证、历代各家成果的整理、相关史事的考辨,最终成果是对《尚书》诸篇的注解、今译。此项研究,其实就是从版本、校勘入手,吸纳传统研究不常用的金石资料,对相关史料进行"穷尽"地搜罗整理,并辨析史料来源及真伪,在此基础上进行研究。这样的研究路数,与陈垣的治学路径非常接近。细察其具体研究成果,材料之丰富、考证之绵密令人惊叹。以《尚书大诰译证》为例。③《大诰》全文,不过600余字;而《尚书大诰译证》已完成的部分就有约80万字。依据其目录,传统的章句疏证只占极小部分,其重心是对所有涉及《大诰》篇的《尚书》版本(包括汉魏唐石经、隶古定写本、海外版本及诸刊本)进行全面的搜集和校勘,从语音、语

---

① 史念海:《顾颉刚先生与禹贡学会》,《中国历史地理论丛》1993年第3期。
② 见顾颉刚《法华读书笔记》,收入《顾颉刚读书笔记》卷5,中华书局,2011,第11、12、69、70页。
③ 顾颉刚:《尚书大诰译证》,收入《顾颉刚古史论文集》卷10。顾颉刚弟子刘起釪在顾去世后依据二人此前搜集整理的资料而完成的《尚书校释译论》(中华书局,2005),是顾氏《尚书》研究的收官之作。此书虽已十分厚重,堪称《尚书》研究的集大成之作,但距离顾颉刚原本的设想还是有相当的距离。将之与《尚书大诰译证》比对,资料的翔实程度、考证的细密程度均不可同日而语。

汇、语法上对《大诰》进行多角度分析，开创了前所未有的对于古代典籍篇章的全面疏证模式。在此基础上，顾颉刚还对《大诰》篇所涉周公东征史事进行考辨，其篇幅几乎占据全文的一半。这是顾颉刚晚年文献疏证和史事考辨的最高水平成果。

其次，以陈垣的角度看。陈垣在1919年发表的《开封一赐乐业教考》中讨论记载犹太人来华时间的文献时就已经注意到："犹太族何时始至中国，据弘治碑则言来自宋，据正德碑则言来自汉，据康熙碑则言来自周。"这是典型的对于层累现象的表述。"层累说"是顾颉刚在学术上最显著的标签之一，但历史传说和记载的层累现象，陈垣显然也有关注，只是未能如顾颉刚那样进行系统的总结和归纳。①

陈垣强调的"史源"辨析，与顾颉刚主张的对古史记载的重新审查，不仅不矛盾，也有共通之处。之所以进行史源的辨析，就是为了判定史料的出处，从而确定其真实性、可靠性和价值。对典籍中的古史记载进行审查，本质上也是辨析史源。一种记载最早出现在什么时代的典籍里，其源头在哪儿，直接决定了其可靠性。只见于晚出史料的古史人物和事件，自然要打上问号；如果能在很早的史料里找到其源头，那么其可信度自然就高。只不过陈、顾二人所治历史时段相差较远、史料丰富程度也有天壤之别，因此史源辨析的形式有很大差异，但这并不能掩盖其内在的共通性。

---

① 参见王东杰《历史·声音·学问：近代中国文化的脉延与异变》，东方出版社，2018，第277页。

治史与取径：陈垣、顾颉刚学术散论

陈垣有句口头禅"打破砂锅问到底"，说的是"考证贵能疑，疑而后能致其思，思而后能得其理"。①有趣的是，"打破乌盆问到底"也是顾颉刚自幼就有的"痼疾"，同时是他极为推崇的崔东壁所秉持的精神。②正是有这种"过细而多问"的"毛病"，才能以怀疑的精神审视前人对于历史的记载和叙述，才能从中发现问题并探寻到解决的方法。顾颉刚主张的疑古精神和陈垣提倡的抽丝剥茧的考证方法，在"打破砂锅问到底"这句谚语中完美地融合在了一起。陈垣与顾颉刚在治学理念上的共通之处，深刻反映了近现代中国史学崇尚"求真"、提倡"科学方法"、注重史料考证的特点，这其实也是历史学研究的科学性所在。正是由于共同秉持着这种治史的理念，陈、顾二人对一些问题的处理表现出了明显的一致性，下列个案可以说明之。

陈垣一生，除了偶尔"敲打"自己的学生，极少批评同时代学者，其对胡吉甫的批评可算是不多见的一例。1953年11月，陈垣受科学院委托审查胡吉甫的《周书序例》文稿。胡吉甫于1934年出版的《周书》卷一，是"按历代官修正史的体例所写的周代纪传体史书"，③《周书序例》应当就是此书完整版的目录体例。陈垣抱病认真审读之后，给出的结论是"此书恐无出版必要"，其理由之一是：

---

① 李瑚：《励耘书屋受业偶记》，收入陈智超编《励耘书屋问学记：史学家陈垣的治学（增订本）》，第222页。
② 顾颉刚：《古史辨第一册自序》，收入《顾颉刚古史论文集》卷1，第39页。
③ 北京图书馆编《民国时期总书目（1911~1949）：历史·传记·考古·地理》（上），书目文献出版社，1994，第117页。

第一章　浮沉各异势　殊途而同归

司马迁去古未远,《史记》所载周史材料有限,此书列"志"目凡二十四,分门别类,安得如许材料,可以怀疑。①

这段话意思很明确,连司马迁这样"去古未远"的史学家在写《史记》的时候都未能搜罗到多少周代历史的材料,今人写周代历史,材料何以能支撑起"二十四志"的宏大篇幅?陈垣必然清楚,要搜罗如此多的周代历史材料,《史记》肯定是不够的,大概只能到《路史》这类的书中去找,而这种用晚出史料研究先秦史的行为,陈垣认为是不能接受的。

胡吉甫与顾颉刚渊源更深。胡系广东顺德人,1918年毕业于北京大学中国文学门,与冯友兰为同期,②比顾颉刚高两级。毕业后入北大中国文学研究所为研究员。③顾颉刚与他应该在1920年前后就已经相识。胡吉甫对民俗、戏剧、历史均有研究,长期生活在广东,曾在《民俗》杂志上发表过几篇民俗学文章。在顾颉刚任职中山大学期间,胡吉甫频繁拜访顾颉刚。顾颉刚待人,只要学问有可取之处,一般都秉持欣赏的态度,但对于这位同在北大读书、同在北大研究所工作、研究领域与自己非常接近的学长,则直斥之为"可厌"。④顾颉刚之所以厌恶此人,大概是他对这位号称治民

---

① 陈垣:《周书序例审查意见》,收入《陈垣全集》第7册,第841页。
② 蔡仲德:《冯友兰先生年谱初编》,河南人民出版社,1994,第26页。
③ 《北京大学日刊》第271期,1918年。
④ 《顾颉刚日记》第2卷,1928年1月20日,第244页。在此之后,顾颉刚与胡吉甫联系很少,只是偶有书信往来。

俗、治金石、治《尚书》的北大文科同人的学问完全不欣赏。不过顾颉刚和陈垣应该都不知道，胡吉甫在抗战期间还为大汉奸江亢虎写过寿诞贺词。[①]如果知道此事，大概对此人会更不客气。

　　陈垣与顾颉刚，均为近现代中国史学转型大背景下脱颖而出的最重要的史学大家。他们研究领域有别，著作风格迥异，似乎差别多于共性，实则内在精神相通相合。他们学术交往广泛，在彼此的交游网络中，或许对方均不在自己最亲密的友人之列，但二人相交五十年，关系或亲或疏，各自耕耘于不同的领域，似乎相忘于江湖，但内里又隐隐相合，共同培养了下一代史学界的中流砥柱，共同为建立科学的、现代的、史料为主导的中国历史学科做出了不可磨灭的贡献。陈、顾二先生之交谊，后人观之思之，抑或有所得也。

---

　　① 胡吉甫：《江院长六十寿序》，《民意月刊》第3卷第9期，1942年。

第二章　陈垣的古史观

众所周知，陈垣基本不涉足古史研究，笔者无意挑战这个基本的事实。前文已略略谈及陈垣对"古史辨派"的看法，之所以还要专辟一章再予详述，也并非要做耸人听闻之论。只是有一点应当是显而易见的：作为近现代出类拔萃的史学大家之一，陈垣对当时席卷史学界的疑古思潮不可能没有自己的看法；而他的看法，在学术史上一定是一个值得探究的问题。陈垣和顾颉刚共同的弟子牟润孙曾说过："他（陈垣）对于五四时代疑古学派十分地怀疑古书，甚不以为然。"[①]似乎陈垣是反对疑古派的。但这毕竟为他人之转述，难免片面，也会受到转述者个人立场的影响。要想了解陈垣的古史观，还要从其自身入手。笔者尝试从陈垣的论著和行状中找寻与古史研究相关的蛛丝马迹，从中探寻陈垣的古史观。当我们对陈垣的古史观有一个较为客观清晰的认识后，便更能够理解为何陈垣与顾颉刚的治学精神有所交汇，又为何能够触碰出火花。

[①] 牟润孙：《敬悼先师陈援庵先生》，收入《海遗丛稿二编》，第82页。

一 陈垣"不治经学"辨

陈垣之所以不治古史,除受个人学术兴趣的影响外,依照其本人的说法,很重要的一个原因是他不治经学。陈垣虽然不推崇章学诚的学问,但很赞同"六经皆史"的论断:"上古史不从经入手者,尚何求乎?"[①]所以他在1947年讲"史源学实习"的时候言道:"关于经术(上古史),不敢讲。经史不分。我对于经书疏忽,以待高明。"[②]陈垣自称对经书很生疏,其实确是谦虚之词。

虽然从陈垣自述到陈垣弟子的回忆、追记,凡提及其治学历程,基本都从《书目答问》、目录学讲起。但在陈垣接触到《书目答问》前,他已经接受了数年传统经学教育;即使在接触到《书目答问》之后,直到22岁那年,陈垣仍然走的是中国传统文人的读经科考之路,在攻读经书上下了很大的苦功。陈垣年少时系统地学过四书、《诗经》、《周易》、《尚书》、《礼记》、《左传》,也曾下过科场,中过秀才。[③]有这样的读书经历,即使此后陈垣的兴趣转移到史学而不再专攻经学,也不影响其早已具备的深厚的经学根柢。所以应辩证地理解"对于经书疏忽"之言。

在1947年"史源学实习"课上声明"不敢讲"经学的

---

① 陈垣著,陈智超编《史源学实习及清代史学考证法》,商务印书馆,2014,第103页。
② 陈垣著,陈智超编《史源学实习及清代史学考证法》,第103页。
③ 刘乃和、周少川、王明泽、邓瑞全:《陈垣年谱配图长编》,第10~30页。

次年，陈垣就在"清代史学考证法"课上讲了《日知录》卷一中与《周易》相关的若干条目。[①]他关于《日知录》经学部分的研究，在其巨著《日知录校注》中有明确体现。如果真的对经书不熟悉，完全"不治经学"，陈垣绝无可能对《日知录》的前7卷做出如此精深的校注。

应当注意的是，陈垣在《日知录校注》以及其他一些论著中的"治经"方式，既非词句的训诂，也非义理的探究，而是经学、史学通用的文献考索，即所谓"考镜源流"之学。这确实与一般经学研究的路径和目的大不相同，而更多的是用史源学方法进行研究，只不过研究的主体是经书和解经之著。陈垣的"不治经学""不讲经学"当作此解。因此，有学者总结陈垣"对经学是以史学研究为视角加以考察，具有以史观经的态度"。[②]

自幼熟读经书的陈垣自然知道读经对做学问的重要性，因此他提倡青年学者应当精读一些经书。他在辅仁大学亲自主持开设"大一国文"课，并每年编订国文读本。学生在此课中学习的经书内容，包括《春秋》《左传》《礼记》《孟子》，以及择选《论语》《孟子》而成的《论孟一脔》。[③]陈垣多次亲自为学生讲授这些精选出来的经书篇章。在1939年他给长子陈乐素的信中，屡次提到读经书与教经书的心得体会：

[①] 陈垣著，陈智超编《史源学实习及清代史学考证法》，第105~121页。
[②] 刘骏勃:《陈垣先生的经学观》，《五邑大学学报》2018年第4期。
[③] 参看陈垣编、陈智超导读《大一国文读本》，商务印书馆，2016。

> 教经书字音要紧，最低限度，要照《康熙字典》为主，不可忽略。吾见教书因读错字闹笑话而失馆者多矣，尤其在今之世，幸注意也。《左传》人名最难记，每一人数名，前后不画一，应有法记之。①
>
> 《左传》、四书教法，应注重文章，不能照经书讲，总要说出使人明白而有趣为主。我近亦在《论》、《孟》选出数十章，令学生读之烂熟。②

1957年5月，陈垣在同北京师范大学历史系一年级学生谈话时，仍然强调了读经的重要性：

> 尤其学史学、文学的，像《论语》、《孟子》这些书，概括了两千年前的风俗、习惯、社会情况，我们一定要念，懂多少算多少，也可以把它当作一种工具，字数也不多，《论语》只有一万多字。
>
> 像现在的"学习""先进"这些词，都是从《论语》里来的。
>
> 毛主席不但读了《论语》，连朱熹给《论语》作的注子都读了；像他说的"以其人之道，还治其人之身"，就是朱注里的话。③

1961年5月，在与北师大历史系应届毕业生的谈话中，

---

① 《陈垣全集》第23册，1939年8月21日致陈乐素函，第800页。
② 《陈垣全集》第23册，1939年9月9日致陈乐素函，第800~801页。
③ 常平：《我们访问了陈老校长》，《师大教学》1957年5月10日。

第二章　陈垣的古史观

陈垣也说过类似的话，此时已在1958年"史学革命"大力宣扬厚今薄古之后了：

> 要专门读通一些书，这就是专精，也就是深入细致，"要求甚解"。经部如《论》、《孟》，史部如《史》、《汉》，子部如《庄》、《荀》，集部如韩、柳，清代史学家书如《日知录》、《十驾斋养新录》等，必须有几部是自己全部过目常翻常阅的书。一部《论语》才一万三千七百字，一部《孟子》才三万五千四百字，都不够一张报纸字多，可见我们专门读通一些书也并不难。①

在研究和教学之外，陈垣对于经书和经义的运用，基本呈现出一个从小熟读经书、深谙孔孟之道的老派学者的典型状态。说理必称孔孟、论事必追五经的习惯，陈垣虽然不严重，但也难以避免。如他为《毛革杂志》所写序，短短数百言中，引《礼记》《周易》《说文》《周礼》中的文献资料十余条，以说明毛革、皮革在中国上古时期的起源与使用，不啻为一篇短小精悍的手工业史论文。② 新中国成立后，他曾言"孔孟，古圣；马列，今圣也"。③ 这种让今人觉得有些不伦不类的表述恰能反映传统经学教育给这位史学大师留下的

---

① 陈垣：《谈谈我的一些读书经验》，《中国青年》1961年第16期。后收入《陈垣全集》第22册，第741页。
② 陈垣：《毛革杂志源起》，《毛革杂志》创刊号，1920年。
③ 何广棪：《从陈垣先生之一通函牍谈起》，台湾《传记文学》第48卷第3期，1986年。

治史与取径：陈垣、顾颉刚学术散论

深刻印记。

据启功回忆，陈垣"偶然谈到经学问题时，还不免流露出公羊学的观点"。①陈垣确实常常将经义用于日常生活，他给历年《辅仁大学年刊》《辅仁生活》《辅仁大学毕业生同学录》的题词，用的多是《论语》《诗经》《孝经》之文。在1942年4月辅仁返校节运动会上，陈垣发表演讲，引用《礼记·射义》中的话讥讽汉奸。陈垣还会化用时政事件以解释经义，如在给学生讲"卦变"时以杜威竞选美国总统失败一事作比，讲《师》卦"师出以律"时顺便评论了二十多年前胡适等人提倡的"好人内阁"之事，讲《履》卦"武人为于大君"时讽刺了民国时期的军阀政治。对此已有学者进行研究，②此处不再赘述。

陈垣之史学，继承乾嘉而超出乾嘉，出于朴学而超出朴学；而陈垣之经学，则颇有清末民国流行的公羊学色彩。这说明陈垣之读经与治史，并非同一学术系统。少年时打下的经学根柢已成为其知识体系中的一部分，虽对其史学研究有潜在的助益，但归根结底，陈垣的史学研究，是近代化的史学研究；而他的经学思想，总体是偏于传统的。因此，陈垣用史学研究的方法治经书能有所成（《日知录校注》就是证明），这是方法论的胜利；反过来若用其读经解经的方法治史学多半是不可行的，事实上陈垣也从未这样做过。对于不治古史的陈垣而言，他以传统的方式读经、以公羊学的方

---

① 启功：《夫子循循然善诱人》，陈智超编《励耘书屋问学记：史学家陈垣的治学（增订本）》，第147页。
② 刘骏勃：《陈垣先生的经学观》，《五邑大学学报》2018年第4期。

式解经，均与其学术研究没有直接干涉，亦不会产生负面影响。顾颉刚的情况则与之不同。由于经学在古史研究中占据的重要地位，顾颉刚的经学研究与史学研究不能偏废，而且要融入同一学术体系方能相互补充、相互促进。所以，顾颉刚既是史学大家，也是经学大家。

二　陈垣对"疑古派"的态度

本书第一章已提到，陈垣对胡适、顾颉刚极力推崇的章学诚是很不以为然的，虽然不能据此断言陈垣对"疑古派"同样不以为然，但也能体现出陈垣的某些倾向性。与之近似，"疑古派"主张比较激烈的古书辨伪，而陈垣同样对此做法不甚欣赏。虽然陈垣没有直接针对"疑古派"的古书辨伪工作进行批评，但对比二者观点上的差异，也足以看出不同的倾向。在陈垣对梁启超《中国历史研究法》作的批注中，屡次可见他反对古书辨伪太过的语句：

> 伪不在史，而在事实。既有此伪事实，史例得载之。
> 只可谓《艺文志》错误。错误与伪性质不同。
> 又以错为伪。[①]

这虽然是对梁启超的批评，但"疑古派"对古书辨伪的

[①] 陈垣：《〈中国历史研究法〉批注》，收入《陈垣全集》第22册，第168页。

治史与取径：陈垣、顾颉刚学术散论

激烈程度较之梁启超有过之而无不及，可以想见陈垣看到更激进的古书辨伪时会作何感想。如果说对章学诚和古书辨伪的态度还只是间接地体现出陈垣对"疑古派"的看法，那么通过陈垣对崔述的态度，基本可以直接看出他恐怕不会是疑古思潮的拥护者。

1931年，北师大史学系创办《师大史学丛刊》，向时任系主任陈垣求稿。因陈垣十分欣赏日本汉学家那珂通世，遂推荐三宅米吉著、黄孝可译《文学博士那珂通世传》在《师大史学丛刊》创刊号上发表。①陈垣在序文中提到那珂通世"为日本女子教育之振兴者，为日本小学教科书假名注音之先觉者，为日语文法之始作者，为英文日译法之修正者，为日本历史编纂体裁之革新者，为日本上古年代考证之启发者，为日本之支那史教科书改造者，为日本之东洋史学科创设者，为日本之元史研究倡导者，为日本之蒙古文翻译前驱者"，种种成就，无论与陈垣所关注的领域是否一致，甚至无论能否算作其"学术功绩"，均有提及，唯独只字未提那珂通世校印《崔东壁遗书》一事。

陈垣不可能不知道此事，因为在《文学博士那珂通世传》中就有一段文字专门叙述其校订、刊印《崔东壁遗书》之事。在传记作者三宅米吉看来，校印《崔东壁遗书》无疑是那珂通世值得被世人铭记的重要学术成就。那珂通世校订、重印《崔东壁遗书》，对中国、日本学界均有重要的影

---

① 陈垣：《日本文学博士那珂通世传序》，《师大史学丛刊》第1卷第1期，1931年。

第二章　陈垣的古史观

响,那氏之弟子白鸟库吉提出著名的"尧舜禹抹杀论",与此不无关联;原本在中国学界不受重视的崔述《考信录》,因为那珂通世的介绍以及在日本的流行,反过来影响了清末民初的中国学者,成为疑古思潮兴起的诱因之一。从客观上讲,无论是出于宣扬那珂通世个人的成就,还是介绍他对日本学术界的贡献,抑或说明他对中国学术界的影响,校印《崔东壁遗书》一事都是应当提到的。陈垣知而不言,其对崔述学说的态度也就暗藏其中了。

陈垣对崔述学说的态度,也在他的授课中有所体现。20世纪30年代陈垣在北师大历史系任教时的弟子陈述在毕业半年后写给陈垣的信中提到:"每忆所示东塾先生点读之《考信录》,'此何必辨''此何必注'等,辄耸然警惧,著笔真难矣。"[①] 陈垣大概是常常在课上给弟子展示陈澧对崔述《考信录》的批评,并以此警诫学生,因此给陈述留下了深刻的印象,以致产生了不敢下笔著文的情绪。

然而,陈澧虽与崔述治学风格颇有不同,但并非一味地批评、讥讽崔述,他对崔述及其《考信录》也有很肯定的语句:

> 崔氏述《丰镐考信录》云:"吾读《洪范》,而知武王之所以继唐、虞、夏、商而成一代之盛治也。吾读《立政》、《无逸》,而知成王、周公之所以绍文、武而

[①] 1935年12月22日陈述来函,陈智超编注《陈垣来往书信集》,第621页。

开八百年之大业也。六经中道政事者,莫过于《尚书》。《尚书》自《尧典》、《禹贡》、《皋陶谟》以外,言治法者,无如此三篇。《虞夏书》文简意深,此则明切晓畅。学者于此三篇熟玩而有得焉,于以辅圣天子,致太平之治,绰有余裕矣。"澧谓:崔氏读经而有心于治法,非复迂儒之业,良足尚也。所举三篇,皆盛治之文。《尚书》二十八篇,盛治之文多,衰敝之文少……圣人删定《尚书》,存盛治之文以为法,存衰敝之文以为鉴,学者皆当熟玩也,凡读经皆当如是也。①

《东塾读书记》中的这段话,可以说对崔述治经学的总体评价还是相当高的。陈澧对崔述有褒有贬,而陈垣给学生展示的似乎主要是陈澧对崔述的批评,这其中反映出的态度也是很明确的。至少在1930年前后,陈垣对崔述学说的态度总体是比较负面的;由此进一步推断陈垣对疑古说的态度也比较负面,大概距离事实不远。

应当注意的是,陈垣虽然表示出对崔述和疑古说的负面态度,但非常克制地让这种隐晦的反对及身而止,尽量不影响到自己的学生和更多的人,这或许也是他从不在公开场合和文章中批评疑古派的原因之一。当陈垣收到陈述写给他的信,得知自己的学生因陈澧对崔述的批评而不敢下笔写作,他便在回信中写道:

---

① (清)陈澧:《东塾读书记》,钟旭元、魏达纯校点,上海古籍出版社,2012,第84页。

第二章　陈垣的古史观

  惟愚见只要心小，胆不妨大。少年人应保存少年人气象，不必效老年人之多所顾忌也，高见以为如何？绝句一首呈正……
  师法相承各主张，
  谁是谁非费评量。
  岂因东塾讥东壁，
  遂信南强胜北强。[①]

  陈垣提醒陈述，不应该因为见到陈澧讥讽崔述的话，就相信陈澧的学问胜过崔述。而通过陈垣将陈澧、崔述并称为"南强""北强"的表述，或也说明虽然他内心偏好陈澧之学，但仍不否认崔述是可以与陈澧并称的优秀学者。

  陈垣确实无愧于"教育家"的头衔，他真正做到了不以个人倾向影响对学生的教育。他偏爱陈澧而不喜崔述，但也特意提醒学生不要受他的影响而认为陈澧比崔述高明；后来其入室弟子赵光贤在研习古史时，最为膺服崔述之学，他对此亦没有表示过任何反对；陈垣一向对章学诚之学颇不以为然，却仍然要求学生："你们是学历史的，章实斋一定要知道，今天不知道，明天也要知道。"[②] 他本人对顾颉刚的疑古之说并不热心，但亲自登门将聘书送至顾颉刚家中，延请他每周为北师大历史系的学生讲授两小时的古史研究。[③] 这样的胸襟和自持，值得后学铭记效法。

[①] 1936年陈垣致陈述函，陈智超编注《陈垣来往书信集》，第621~622页。
[②] 常平：《我们访问了陈老校长》，《师大教学》1957年5月10日。
[③] 《顾颉刚日记》第2卷，1929年9月16日，第324页。

53

三　陈垣·古史·古史辨

总体上看，陈垣是不治古史的；但如果细细爬梳《陈垣全集》，也能找到几篇与古史研究相关的文章。陈垣早年学医时，曾发表《孔子之卫生学》一文[①]。这篇文章主要从《论语》中择取材料，论述孔子在面对疾病时的态度、日常饮食中的注意事项，以及对医药的态度。虽然发表于医学报刊，但实际是一篇史学论文。近代以来，论述孔子医药卫生观念的论文，大抵不下十篇，以此篇最早，也基本奠定了该问题的研究路数。

20世纪40年代前期，陈垣写了一篇短札《郤克跛考》[②]，辨析了《春秋》三传、《史记·齐世家》《晋世家》对"郤克跛"或"郤克眇"的不同记载。得出的结论是，《春秋》三传原本均作"郤克跛"，而今本《穀梁传》之所以作"郤克眇"，并非记载不同，而是传本差异。

1956年，陈垣撰写了《商朝与殷朝》一文[③]，"从《诗经》、《四书》、《史记》、《千字文》等证商朝又称殷朝，殷商二字可连用、通用，而在《四书》里甚至专用'殷'而不

[①] 陈援庵：《孔子之卫生学》，《医学卫生报》第2期，1908年。收入《陈垣全集》第1册，第154~157页。
[②] 陈垣：《郤克跛考》，收入《陈垣全集》第7册，第626~627页。据刘乃和、周少川、王明泽、邓瑞全《陈垣年谱配图长编》（第183页），此文作于1943年。
[③] 陈垣：《商朝与殷朝》，人民教育出版社《编辑工作》第18期，1956年。收入《陈垣全集》第7册，第832~835页。

第二章 陈垣的古史观

用'商'。北宋以后为避赵匡胤父名弘殷之讳,乃改称商。指出,殷、商虽可通用,但在说到'商人'、'殷人'时,称'殷人'则免生歧义,尤其是中学历史课本更要注意"。①

这些零零星星的古史研究,既不成体系,在陈垣一生的论著中也都不占据很重要的位置。但这些短文可以说明,陈垣对先秦典籍是熟悉的,有进行古史研究的能力,也并非毫无研究古史的兴趣。除了偶尔撰写古史研究文章,陈垣对当时古史研究的最新成果也相当关注。

1940年,在连续两封给长子陈乐素的信中,陈垣都提到阅读傅斯年《性命古训辨证》的感受:

> 即接到孟真先生撰《性命古训辨证》一部两册,内多新材料、新解释,不可不一读。②

> 余阅《性命古训辨证》,深知余已落伍,未知在他人觉得如何耳。③

一年之后,他在给陈乐素的信中提到:

> 最近孔德研究所出版李玄伯著《中国古代社会新研》一册,售申币十二元,极多新义,不可不一读,可曾见否?李禁锢多年,④幸有此书,足以不朽,古所谓塞

---

① 刘乃和、周少川、王明泽、邓瑞全:《陈垣年谱配图长编》,第697页。
② 《陈垣全集》第23册,1940年8月14日致陈乐素函,第823页。
③ 《陈垣全集》第23册,1940年8月16日致陈乐素函,第823~824页。
④ 指李宗侗因卷入"故宫盗宝冤案"而被控告,隐居上海多年。

治史与取径：陈垣、顾颉刚学术散论

翁失马、安知非福者此也。[①]

由此可见，陈垣不仅关注到当时古史研究的最新成果，而且用心阅读、真心欣赏。得到他赞许的《性命古训辨证》和《中国古代社会新研》，确实都是中国近现代学术史上开一时风气的经典之作。牟润孙说："人们因为援庵先生不讲古史，以为他外行，其实他仅是不作专题研究而已。"[②] 这是有一定道理的。对古史研究，陈垣固然不是内行，但也绝非外行。他甚少涉及古史研究的领域，并非他不熟先秦典籍，也不是对古史研究缺乏关注，而是因为他治学强调专精，不愿涉足过多的学术领域。[③]

虽然陈垣并不愿过多涉足古史研究，但这不妨碍其治学思想与"古史辨派"的理念有交叉之处。"古史辨派"极力反对使用晚出的甚至伪造的史料书写较早的历史，陈垣也是明确反对的；"古史辨派"关注到的"层累"现象，陈垣在其论著中也以不同的方式有过描述。

陈垣很少直接公开批评人，商榷文章更是罕见。他常以"王西庄好骂人"为诫，提醒自己开口骂人者难保自身不会犯错误，应当"为吾老年人著书者戒"。[④] 不过，当他遇到用晚出史料甚至伪史料证明早期历史的情况时，仍会毫不留情

[①] 《陈垣全集》第23册，1941年8月16日致陈乐素函，第837~838页。
[②] 牟润孙：《敬悼先师陈援庵先生》，收入《海遗丛稿二编》，第83页。
[③] 可参看蔡尚思《陈垣先生的学术贡献》，收入陈智超编《励耘书屋问学记：史学家陈垣的治学（增订本）》，第46页。
[④] 陈垣：《书〈十七史商榷〉第一条后》，《大公报·文史周刊》1946年10月16日。

第二章　陈垣的古史观

地以严厉口吻进行批驳。他也曾在对梁启超《中国历史研究法》所作批注中写道："现存实迹及口碑，亦多不可靠……别择史料真伪最难。"①

陈垣早年曾撰文指出，时人以8月27日为孔子诞辰是依据晚出材料得出的，"诚不可据"，还辛辣地批评道："呼我为马，应之为马；呼我为牛，应之为牛；孔子之为世傀儡也久矣，况区区一生卒年月哉！"②前文述及1953年底陈垣生病住院期间审读胡吉甫《周书序例》书稿一事，亦是其例。③陈垣指出此书"至于古器物之出土，考古学之发现，反无章节"，言下之意，今人研究周代历史，必须重视"古器物"和"考古学"，这也是今人能够超出司马迁的地方，但此书忽视了这些真正有价值的珍贵史料。在不用"古器物"和"考古学"资料的情况下，如果真如《序例》规划写出了周代的"二十四志"，所用材料是很值得怀疑的。因判断此书所用材料多为晚出史料，陈垣认为此书所论不确，没有出版的价值。

1956年8月，陈垣在《光明日报·史学版》发表了一篇短文④，对半月前《光明日报》刊载的《柬埔寨和我国的友好联系开始于公元前一世纪上半期》⑤一文进行了批驳。这是陈

---

① 陈垣：《〈中国历史研究法〉批注》，收入《陈垣全集》第22册，第147页。
② 陈垣：《孔子诞感言》，《时事画报》第24期，1907年。收入《陈垣全集》第1册，第49页。
③ 刘乃和、周少川、王明泽、邓瑞全：《陈垣年谱配图长编》，第638页。
④ 陈垣：《柬埔寨始通中国问题》，《光明日报》1956年8月16日。
⑤ 吴紫金：《柬埔寨和我国的友好联系开始于公元前一世纪上半期》，《光明日报》1956年8月2日。

治史与取径：陈垣、顾颉刚学术散论

垣一生中极其罕见的商榷文章。在文中，陈垣反对吴文引用《梁书·海南诸国传》中"海南诸国自汉武以来皆朝贡"的记载推论汉武帝时柬埔寨与中国已有往来，还批评作者引用了伪书《飞燕外传》。从吴文发表到陈文刊出，只间隔14天，可见陈垣是以很急迫的心情撰写并发表了这篇商榷文章，亦反映出他对使用晚出史料和伪史料证史的行为无法容忍。

对于历史记述的"层累"现象，陈垣很早就有过描述。除本书第一章中引述的陈垣在《开封一赐乐业教考》中对于层累现象的表述，[①] 在同为"古教四考"之一的《火祆教入中国考》的第七章中，陈垣特意辨析了"春秋时睢水有祆神之谬说"。这是一个较古的传说反而晚出的例子。[②] 祆教传入中国的时间，南北朝隋唐史书多有记载，本无歧义。至宋人姚宽，强指《左传》僖公十九年杜注中的"妖神"是"祆神"，即火祆之神，于是将祆教传入中国的时间提前了近千年，而四库提要又沿袭其误，贻误后学，是以陈文对此予以厘清。

在更早的文章中，也能够见到陈垣对其所见的历史记述的层累现象的描述。陈垣早年曾研究过在粤地颇为流行的"九皇会"，[③] 他认为，"九皇会"原本是礼敬长春真人丘处机的节日。丘处机生于九日且卒于九日，即所谓重九，因此民间在九月九日纪念他。后来此风俗传到南方，叠加上了"北

[①] 参见王东杰《历史·声音·学问：近代中国文化的脉延与异变》，第277页。
[②] 陈垣：《火祆教入中国考》，《陈垣全集》第2册，第123~124页。
[③] 陈垣：《记九皇会》，《时事画报》第24期，1907年。收入《陈垣全集》第1册，第51~52页。

第二章 陈垣的古史观

斗九星"的信仰,变成了"九皇诞",因此民间传说此节日是纪念斗姥星君的,反而其真正的源起长春真人丘处机被掩盖在层层累加的传说之下,不被人记得了。

陈垣还考察过广州拱北楼铜壶滴漏的传说。① 广州人传说拱北楼的铜壶滴漏是"孔明之遗制",但其实铜壶上的款识明明白白地写着这是元代延祐三年由蒙古官员捐办的。这件铜壶滴漏刚刚做出来的时候,人们不可能不知道这是蒙古人所制;但随着时间流逝,就传说成更早更有名的诸葛亮所制了。陈垣批评国人"无历史之观念",因为孔明比较有名,《三国演义》中有他制作木牛流马的故事,因此人们就把铜壶滴漏的制作权都归属于他。这里,陈垣引用了《论语·子张》篇所载子贡言"纣之不善,不如是之甚。君子恶居下流,天下之恶皆归焉"来说明这种著名人物的事迹层累叠加的现象。有趣的是,顾颉刚也曾引用这段话说明层累造成的伪史,② 二人可谓不谋而合。

由此可见,陈垣虽对"疑古派"不甚欣赏,但对"疑古派"坚持的一些理念是十分认同的。陈垣认同这些理念,当然与"疑古派"或"疑古思潮"无关。疑古思潮,今人称之为"思潮",但其实并不能简单地将之看作某个学者或某派学者的思想倾向,而当视为传统史学转入现代史学过程中科学精神确立过程的一种表现。其中固然免不了出现极端化甚至情绪化的色彩,但其内核是科学的、理性的、符合逻辑的;

---

① 陈垣:《说铜壶滴漏》,《时事画报》第25期,1907年。收入《陈垣全集》第1册,第70~71页。
② 顾颉刚:《纣恶七十事的发生次第》,《语丝》第2期,1924年。

而其科学性、理性、逻辑性，也是一切学术研究中应当共同遵守的准则。陈垣的治学理念与顾颉刚和疑古派的相合之处，正是科学精神所覆盖的地方，与研究领域、思想倾向无关；陈垣对疑古派持保留态度，也不是否定其辨析史料、考订古书的科学化研究，只是其老成持重的为人治学之风与疑古派锐意突破、大破大立的风格有天然的抵牾而已。

第三章　顾颉刚的《尚书》学

《尚书》研究是顾颉刚晚年最重要的学术成就之一，已有不少学者对之进行研究。[①] 单就顾颉刚的《尚书》学而言，笔者所知所想并不能超出前人所论；但若将之放在比较的视野下，则能发现一些有趣的现象。上一章是在顾颉刚古史研究的主场审视陈垣，本章则是以陈垣考据的标尺衡量顾颉刚。

一　从《尧典》到《大诰》

早在20世纪20年代初顾颉刚在学术界初露锋芒时，他就已经开始了对《尚书》的关注。当时顾颉刚在《尚书》研究中达成了至少两项了不起的成就。

第一，将《尚书》的部分篇章用白话翻译出来，其中

[①] 刘起釪：《顾颉刚先生与〈尚书〉研究》，《社会科学战线》1984年第3期；许冠三：《顾颉刚：始于疑终于信》，《新史学九十年》上册，第192~194页；沈颂金：《顾颉刚的〈尚书〉研究》，吴少珉、赵金昭主编《二十世纪疑古思潮》，学苑出版社，2003，第244~262页；李吉东：《顾颉刚：现代〈尚书〉学的全面开创者》，《清华大学学报》2008年第3期；王学典、孙梅：《〈尚书〉研究，前仆后继——顾颉刚与刘起釪》，王学典主撰《顾颉刚和他的弟子们（增订本）》，第262~283页。

《盘庚》《金縢》两篇的译文曾公开发表①。

第二，将《今文尚书》二十八篇按照成书时代和可信度分为三组，分别是"在思想上、在文字上，都可信为真"者、"决是东周间的作品"以及"战国至秦汉间的伪作"。②这个分组，奠定了时至今日学界对《今文尚书》篇章成书时代判定的基本框架，虽然后来屡有调整，但大体是沿着顾颉刚的这一思路推进的。

在顾颉刚认为"在思想上、在文字上，都可信为真"的一组中，《盘庚》《大诰》居首；③"战国至秦汉间的伪作"则以《尧典》居首。顾颉刚长达六十年的《尚书》研究，正是起于《尧典》而终于《大诰》。自三个分组划定之后，顾颉刚马上将目光聚焦在作伪嫌疑最大的《尧典》《皋陶谟》《禹贡》三篇上，开始制订对这三篇进行研究的计划。这体现出此时顾颉刚的主要兴趣和精力都放在了"辨伪"上，正以一种急进的、迫切的态度去打破旧有的古史体系。

此后三十年，顾颉刚研究《尚书》主要的聚焦点都在《尧典》和《禹贡》两篇上。打破了《尧典》《禹贡》的神圣性，将其从"虞夏书"的位置拉回到战国时代，不仅廓清

---

① 顾颉刚：《盘庚中篇的今译》，《语丝》第 11 期，1925 年；《盘庚上篇今译》，《国立第一中山大学语言历史学研究所周刊》第 1 卷第 8、9 期，1927 年；《金縢篇今译》，《语丝》第 40 期，1925 年。
② 顾颉刚：《论今文尚书著作时代书》，收入《古史辨》第 1 册，上海古籍出版社，1982，第 200~206 页。
③ 经过细致的研究，顾颉刚认为《盘庚》的文字也经过西周改写（顾颉刚：《尚书盘庚三篇校释译论》，《顾颉刚古史论文集》卷 9，第 379~385 页），《尚书》中最真最古的一篇是《大诰》。

第三章　顾颉刚的《尚书》学

了这两篇文献的成书时代,也摧毁了尧舜和鲧禹传说的重要依据,进一步证明了尧舜禹传说的晚出。这一阶段顾颉刚的《尚书》研究是非常明确地围绕着古史传说研究开展的。

1954年9月,在顾颉刚迁居北京的一个月后,他拟定了一份"工作计划(草稿)",将此后的研究分为"编辑考订""研究专著和论文""笔记整理"三大类。① 在"编辑考订"的三项工作中,有一项就是"编《尚书学汇函》",其内容与他在20世纪50年代初拟定的"《尚书》十种"②基本一致。这说明此时《尚书》研究已在顾颉刚的学术规划中占据了举足轻重的位置。③ 在"研究专著"规划的六种专著中,《尚书》类占其二,分别是《〈禹贡〉著作时代考》和《〈尧典〉著作时代考》,各计划写30万字和20万字;在"研究论文"规划的十八种论文中,与《尚书》相关的有十一种,其中五篇是"《禹贡》研究的旁证",六篇是"《尧典》研究工作的旁证"。④ 这说明,此时顾颉刚《尚书》研究的重点仍是《尧典》和《禹贡》。

1957年6月,顾颉刚再次制订了一个让人觉得"顾某其发疯耶"的庞大计划。在这一计划中,顾颉刚将其希望完

---

① 顾颉刚:《顾颉刚工作计划(草稿)》,收入《宝树园文存》卷2,第385~392页。
② 顾颉刚:《〈尚书〉十种》,收入《顾颉刚读书笔记》卷5,第12~13页。
③ 在顾颉刚于20世纪20年代拟定的《我的古史研究的计划》(《顾颉刚古史论文集》卷1,第293页)中,基本看不到《尚书》研究的位置,或者说,《尚书》研究作为古史传说研究和古书辨伪的有机组成部分,湮没在其计划写作的众多题目之中。在50年代初顾颉刚的计划中,《尚书》还只是他希望"一手整理"的十七部典籍之一(《顾颉刚日记》第6卷,1950年末"晚成堂全集目录",第715页)。
④ 顾颉刚:《顾颉刚工作计划(草稿)》,收入《宝树园文存》卷2,第387~388页。

治史与取径：陈垣、顾颉刚学术散论

成的著作分为十四类，分别是：古籍、古史、《尚书》、《左传》、《史记》、古代史书、战国史、古地理、考证学、民俗学、地方史、笔记、生活、其他。《尚书》占据一大类。但在《尚书》研究的具体计划中，已不再将《尧典》《禹贡》两篇单独列出，只保留了近似于"《尚书》十种"的规划。①

到50年代末，顾颉刚开始进行《尚书》整理工作。他没有从早年最关注也是前期积累最丰厚的《尧典》和《禹贡》入手，而是选择了从《大诰》开始，因为"《大诰》是《尚书》里最古最真的一篇"②。顾颉刚用了七年左右的时间，基本完成了《尚书大诰译证》这篇80余万字的鸿篇巨作。这既是顾颉刚一生中部头最大的一篇论作，也是他一生积累、思考的集中展现。

很多学者都注意到，此时顾颉刚的研究，已从早年的"破"转为"立"，开始试图重建古史体系。这当然是他选择从《大诰》篇开始研究的重要原因。许冠三曾言顾颉刚"六十年代后则以考信为主"，③从顾颉刚已完成的学术论著看，确实如此。但如果将此言理解为顾颉刚由"疑古"转变为"信古"，恐怕既不符合许先生的本意，也不符合事实。④

---

① 《顾颉刚日记》第8卷，1957年6月末所附计划，第268~272页。
② 顾颉刚：《〈尚书大诰译证〉序》，《顾颉刚古史论文集》卷10上，第8页。
③ 许冠三：《顾颉刚：始于疑终于信》，《新史学九十年》上册，第182页。
④ 乍看许冠三《顾颉刚：始于疑终于信》一文的题目，很容易误以为许冠三认为顾颉刚是始于"疑古"而终于"信古"，如夋平清《顾颉刚疑古立场的变与不变——兼谈中华民族研究的理论自觉》(《江海学刊》2021年第3期）一文就是如此理解许冠三的观点的（需要说明的是，夋清平文认为顾颉刚并未转向信古，而是总体延续了疑古立场）。

第三章　顾颉刚的《尚书》学

虽然公众和部分学界人士总将"东周以上无信史"这句话和"疑古派"联系起来，但这句话基本从未被严肃的古史研究者（包括"疑古派"）接受过。胡适所说"在东周以前的历史，是没有一字可以信的"[1]，是檄文式的发言，为开辨伪之风气，自然会把话说得极端一些，但这并不具备实际的学术指导意义。疑古思潮兴起时，王国维的《殷卜辞中所见先公先王考》和《续考》已发表，顾颉刚对王国维十分佩服；且在20世纪20年代初，顾颉刚已将《尚书》中作于西周的篇章择取出来。这些都是实实在在的东周以前的史料。古史辨派对传统古史叙述体系的破坏，最晚的节点是对尧舜以及鲧禹"考而后信"，并未对殷商和西周历史进行否定，因此不能光看到顾颉刚突破了东周的界限，开始研究西周甚至殷商历史，就认为他"信古"了。顾颉刚从《大诰》出发，立足周初，上及殷商，正是在疑古的"安全区"内搞建设。此其一也。

顾颉刚"疑古"，质疑的是"三皇五帝"的古史传说体系，而不是中国古史的存在；他不认可"三皇五帝"体系，也不意味着在他进行研究时绝不上溯到这个客观存在的远古时代。而且，新中国成立后唯物史观和社会形态学说大为普及，这对顾颉刚亦不无影响。在马克思主义理论的指导下，可以走出一条用理论描述上古历史的道路。顾颉刚未必全然接受这套理论，但这一思路在其表述所谓"三皇五帝"的远古时代时不失为一个实际的提手。再进一步，如果说"信"，

---

[1] 胡适：《"研究国故"的方法》，《胡适全集》第13卷，安徽教育出版社，2003，第45页。

治史与取径：陈垣、顾颉刚学术散论

顾颉刚肯定相信中国在甲骨文之前是有历史的，甚至在一定程度上也相信夏代的世系①；如果说"疑"，他怀疑的是"三皇五帝"叙述体系能否准确地描述那个时期的中国古史。看到顾颉刚研究皋陶、伯益、太皞、少皞，就认为他已经由"疑古"转向"信古"，这是混淆了概念。②此其二也。

因此，我们可以说顾颉刚晚年从"疑古"转向"考信"，但认为顾颉刚由"疑古"转为"信古"则不能成立。应当注意的是，在顾颉刚晚年的《尚书》研究计划中，《大诰》固然被提到第一位，但紧随其后的就是《尧典》《禹贡》。《大诰》的整理工作大体完成时，顾颉刚已年过七旬，他在给友人的信中说："我尚能做工作，则《尧典》、《禹贡》等篇是我一生精力集中研究的，我还把《译证》做下去，直到我离开这个世界。"③如果历史能给顾颉刚继续其《尚书》研究的机会，我们或许会看到他在暮年重举疑古辨伪的大旗。

二 "与子偕行"

——顾颉刚《尚书》研究与陈垣元史研究的比较

前文已言，顾颉刚早年的《尚书》研究，主要旨在为古

---

① 顾颉刚：《尚书大诰译证》，《顾颉刚古史论文集》卷10下，第1132页。
② 细读其《鸟夷族的图腾崇拜及其氏族集团的兴亡》一文，就会发现这是一篇立足于西周春秋族群而作的古史传说研究文章，而不是对皋陶、伯益或太皞、少皞时代的历史研究。此文立场虽不如《三皇考》《鲧禹的传说》那样明确，但也绝不是把"三皇五帝"时期的人物重新搬回到古史体系中（顾颉刚：《尚书大诰译证》，《顾颉刚古史论文集》卷10下，第913~1030页）。
③ 1964年9月7日《致陈慧、徐伯昕信》，《顾颉刚书信集》卷3，第474页。

第三章　顾颉刚的《尚书》学

史传说研究服务；其晚年的《尚书》研究，也不忘落脚于古史传说。虽然顾颉刚在20世纪50年代之后的《尚书》研究看似已成为一个独立的课题，但究其根本仍是源起于古史传说的研究。顾颉刚留下了多份研究《尚书》的计划，这让我们可以比较清楚地了解到他的研究思路。其中比较全面和典型的是50年代初规划的"《〈尚书〉十种》"：

> 或将《尚书》整理为下列诸书：1.《尚书文字合编》；2.《尚书文字比较表》；3.《尚书集释》；4.《尚书章句及释文》；5.《尚书学史》；6.《尚书学目录》；7.《伪古文尚书之总检讨》；8.《金文选》（择其与《尚书》有关者，以原拓加注释，俾治《书》学者可取作比较。或名为"尚书比较材料"而扩大之及于群经、诸子）；9.《尚书通检》（分别今文及伪古文）；10.《尚书学论文选》。总名为"《尚书》十种"。有此一部，则此后整理古籍者有绳准矣。予其能及身尽为之耶？是必当早着手矣！①

这是一份比较理想化的研究计划，在顾颉刚生前未能完成，但从中可以看出顾颉刚《尚书》研究体系的一些层次：《尚书文字合编》《尚书学目录》《尚书通检》均为工具书；《尚书文字比较表》是对《尚书》文本的校勘；《尚书集释》和《尚书章句及释文》是对《尚书》的注释。后来顾颉刚撰

---

① 顾颉刚：《〈尚书〉十种》，收入《顾颉刚读书笔记》卷5，第12~13页。

治史与取径：陈垣、顾颉刚学术散论

写《尚书大诰译证》，基本沿袭此思路而有所扩展。

《尚书大诰译证》全文80余万字，基本可以代表顾颉刚理想状态下的《尚书》研究体例。凡他本人力有不逮的专业领域，都邀请相关方面最顶尖的学者撰写文稿。如"语音"一节，请著名古音学家周达甫撰写；"语法"一节，请著名语言学家黎锦熙撰写。该文从内容上可分为四个层次：(1)《尚书》及《大诰》篇版本集录（前编上、下）；(2)《大诰》篇校勘（本编上·甲）；(3)《大诰》篇注释（本编上·乙~辛）；(4) 史事及传说考证（本编下）。四个层次依次展开，形成了一条非常明晰、层层递进的研究路径：首先整理、辑录工具书性质的各版本总录，只要研究《尚书》都能提供便利；其次进行文本的校勘；再次在校勘的基础上对文本进行解读；最后利用读通的历史文献进行相关问题的研究。

与顾颉刚不同，陈垣很少将自己的研究计划公之于众，但从其在20世纪二三十年代的元史研究中仍然可以缕析出一条非常明确的线索。①陈垣早年治宗教史、中西交通史，就断代而言，涉及元代者最多，如《元也里可温考》、《回回教入中国史略》以及《元西域人华化考》等，这些论著多完成于1910年代后期到1920年代后期。在进行这些研究时，因为深感中国、西方以及伊斯兰历法换算不便，陈垣编制了《中西回史日历》；②编纂《二十史朔闰表》的原因应当也大体如此。进入20世纪30年代，陈垣开始校勘《元典章》和

---

① 关于陈垣的元史研究成就，可参看刘乃和《陈垣对元史研究的重要贡献》，《中国典籍与文化》1996年第2期。

② 陈垣：《中西回史日历》"自序"，《陈垣全集》第4册。

第三章 顾颉刚的《尚书》学

《元秘史》这两部元史研究必备的重要典籍。《元典章校补》于1931年出版，《元秘史校记》和《元秘史音译类纂》则在数易其稿后未能面世。在这二十年的元史研究中，陈垣的相关著作也形成了工具书、典籍整理和问题研究三个大类，与顾颉刚的《尚书》研究成果可以相互对照。

顾颉刚《尚书》研究与陈垣元史研究成果对照

	工具书	典籍整理	问题研究
顾颉刚的《尚书》研究	1.《尚书通检》（1936） 2.《尚书文字合编》（1942年刻版，1996年完成出版） 3.《尚书大诰译证》前编上《尚书本子总录》；前编下《大诰篇总记》（20世纪60年代前期完稿）	1.《尚书校释译论》之"校""释"部分（20世纪90年代末完成） 2.《尚书大诰译证》本编上《语言和文字的整理》（20世纪60年代前期完稿）	1.《讨论古史答刘、胡二先生》（1923） 2.《鲧禹的传说》（1939） 3.《尚书大诰译证》本编下《周公东征史事考证》（20世纪60年代前期完稿）
陈垣的元史研究	1.《中西回史日历》（1925） 2.《二十史朔闰表》（1925） 3.《元秘史音译类纂》（1933~1934，未刊）	1.《元典章校补》（1931） 2.《元秘史校记》（约作于20世纪30年代，未刊）	1.《元也里可温考》（1917） 2.《回回教入中国史略》（1928） 3.《元西域人华化考》（1923年初稿，1934年出版）

说明：《尚书文字合编》的出版时间参看李福标《顾廷龙与〈尚书文字合编〉》，《中国四库学》第3辑，中华书局，2019。

总体上看，顾颉刚的《尚书》研究和陈垣的元史研究都是先有要研究的论题，在研究中感觉到需要做更细致的基础工作，于是开始编纂工具书、校勘整理文献，最后再反过来

69

增补、修订、完善自己的研究。

在顾颉刚的《尚书》研究中，可以很明显地看出其在20世纪60年代的研究成果无论在材料的丰富性还是论证的严密性上都是远胜于二三十年代的。而陈垣校勘《元典章》《元秘史》的工作初见成效后不久，全面抗战即爆发，其研究旨趣也因此发生了较大的转变；到抗战胜利后，陈垣已年近七旬，学术生命的黄金期已过，也没有再出现更多的元史研究论著，这不得不说是一种遗憾。不过我们仍能看到其典籍校勘工作对问题研究的促进。30年代初，陈垣校勘《元典章》时发现，在《元史》中作"不忽木"者在《元典章》中作"不忽术"，而此人在《元西域人华化考》中有所论及，因此写信给陈寅恪与之讨论。① 另外，1934年木刻版《元西域人华化考》卷5第三节"西域人之中国建筑"倒数第二段也全都是据《元典章》增补进去的。②

主要依凭汉文典籍开展的研究，基础的工作往往起始于文献校勘；而如果研究中所用史料超出一般的汉文典籍，则第一步就要向前延伸到相关语言文字的学习。陈垣和顾颉刚都曾遇到过这个棘手的问题，陈垣面对的是蒙文，顾颉刚面对的则是古文字。

陈垣是治民族史、宗教史和中西交通史的重要学者，但对外语和民族语言不甚通晓，因此常常向精通多种语言的陈寅

---

① 陈垣撰，陈智超导读《元西域人华化考》，附录四"笔谈录"，第155~156页。
② 陈智超编著《陈垣〈元西域人华化考〉创作历程——用稿本说话》，国家图书馆出版社，2008，第23页。

第三章　顾颉刚的《尚书》学

恪请教。后人或以陈垣的语言短板为其治学的遗憾之一，亦不无道理。陈垣也曾试图突破"语言文字关"，他为了研究《元秘史》，曾努力学习蒙文。在1933年给友人的信中他曾写道：

> 此间每星期有两次蒙文，每次二小时。因习蒙文之便，曾将《秘史》蒙文逐句译出，以与尊处由日文译出者相互对照，深有裨益也。①

此时陈垣已年过五旬，方开始学习蒙文。研究元史，不可不用《元秘史》；用《元秘史》，必须先将其翻译整理出来；翻译整理《元秘史》，则需要一部音译用字与汉文含义相对照的工具书；要编纂这样一部工具书，必须懂蒙文。因此，陈垣毅然开始了蒙文的学习，并在此基础上编写了《元秘史音译类纂》，相当于解读《元秘史》专用的对译词典；编纂这部工具书的副产品，就是其著名的文章《元秘史译音用字考》。进一步，陈垣又对《元秘史》进行了全面的校勘，形成了12卷的《元秘史校记》。可惜此后不久全面抗战爆发，陈垣的治学方向因此发生转变，其元史研究暂告一段落，《类纂》和《校记》都在数易其稿后深藏箧匣，没有公之于世。如果不是《陈垣全集》整理出版，后人实难想见一篇短短的《元秘史译音用字考》背后有如此多的辛苦积累。

终其一生，陈垣的外语能力都是其未能突破的短板。他在五十多岁的年纪，为了自己的研究往纵深处推进，毫无畏

---

① 《陈垣全集》第23册，1933年8月致黄子献信，第181页。

惧地开始学习一门新的语言文字，这种精神和勇气，在顾颉刚身上也能看到。

顾颉刚比较早地受到今文经学的影响，在小学上没有下过专门的功夫。进入清季民国，金石学和古文字学的发展水平已经足以让学者利用钟鼎文字和甲骨卜辞证经补史。顾颉刚在北大读书时，王国维的《殷卜辞中所见先公先王考》和《续考》就已问世，"二重证据法"的时代已呼之欲出。顾颉刚对王国维之学膺服至极，王国维以古文字材料证史的治学方式，也是顾颉刚很渴望效法的。[①] 1924年，顾颉刚初得盛名，就制订计划专门留出许多时间学习古文字，此时他31岁。

星期數	上午	下午	夜
一	標點	季刊	洗浴
二	世界史	講演稿	翻覽金文
三	標點	同	及甲骨文
四	同	年報、紀念冊	說文等
五	世界史	季刊、歌謠	
六	標點	未了雜務	剃頭
日	寫信、會親友	遊覽	休息

顾颉刚 1924 年 4 月所定"课程表"

资料来源：《顾颉刚日记》第 1 卷，1924 年 4 月 11 日，第 475 页。

在这个计划表中，除去日常杂务和休息，顾颉刚把晚上所有的时间都用来"翻览金文及甲骨文、说文等"，可见他打算下大功夫学习研究古文字。不过，从此后的《日记》中看，这一计划因种种原因似乎未能如期进行。直到近三十年

---

① 参看曹书杰、杨栋《疑古与新证的交融——顾颉刚与王国维的学术关联》，《文史哲》2010 年第 3 期。

后，年近六旬的顾颉刚仍不无遗憾地自称"于文字学本身无能为力"①。

顾颉刚学古文字未成，与其师法今文经学关系不大。郭沫若也师法今文经学，仍在没有师承的情况下成为一代古文字大家。在民国时期，古文字学的系统化、理论化程度还不算高，有旧学根柢者并非不能自学而成，所费时间凭个人知识积累和天分之不同，短则数月，长则数年。但最重要的前提是，必须在一段时间里沉心静意，不受打扰地集中学习。诗人和国民革命军政治部领导郭沫若写不出《两周金文辞大系》和《卜辞通纂》，这两部书是流亡日本、远离喧闹的郭沫若写出的；新月派诗人陈梦家也写不出《商代地理小记》和《古文字中之商周祭祀》，这些是陈梦家进入燕京大学师从容庚潜心学习古文字后才有的论著。纵观民国时期的古文字学家，无论其是否有师承，均要经历一段时间静心沉潜的研习方有所成。而这种平静且能专心的日子，顾颉刚自成名之后就再未有过了。

虽然突破"文字关"的尝试失败了，但顾颉刚在研究中仍十分重视使用甲骨、金文材料，这在其《尚书》研究中有明确的体现。早在1936年的《〈尚书通检〉序》中，顾颉刚已写道："……研究《尚书》用字造句的文法，并和甲骨文、金文作比较。最后才下手去作《尚书》全部的考定。"②20世纪50年代他规划的"《尚书》十种"，其中一种就是《金文

---

① 顾颉刚:《答杨遇夫书论〈尚书〉研究工作》(1951年10月18日)，收入《顾颉刚读书笔记》卷4，第391页。
② 顾颉刚:《〈尚书通检〉序》，收入《顾颉刚古史论文集》卷8，第12页。

选》;他和刘起釪注解《尚书》的一大特点是几乎完全吸纳了于省吾《双剑誃尚书新证》的内容,对于省吾以金文辞例解《尚书》文句的做法十分推崇;在研究具体史事时,他也很注重使用金文材料,如《大诰》涉及的"周公称王"问题,是经学史上的老大难问题,顾颉刚专辟一节"近代出土的两件'周公称王'的彝器"①,专门用金文资料解释这一疑难。

不过,这些研究建立在他人释读成果的基础上,终究还是有局限性。因此,即使到了暮年,顾颉刚仍然没有放弃对古文字学的学习。在顾颉刚人生的最后时刻,他还在频繁地研读古文字学著作。他在去世前八天写给徐中舒的信中说:

> 日前应永深君自蜀返京,带到尊赠大作《汉语古文字字形表》一篇,捧读之余,心眼顿豁。如此治学,然后可以直探造字本源,不为旧说所迷罔。极望早日完成,使病榻中人一开心目,有以霍然奋起也。②

次日,顾颉刚读了康殷的《文字源流浅释》,这是顾颉刚生命的倒数第七天,也是他最后一次写日记:

> 看康殷《文字源流浅释》……康殷,我疑为满洲国溥仪近臣。"康",康德之简称也。"殷",亡国之遗民

---

① 顾颉刚:《尚书大诰译证》,《顾颉刚古史论文集》卷10下,第682~687页。
② 1980年12月17日《致徐中舒信》,《顾颉刚书信集》卷3,第573页。

也。其甲、金之研究，盖得之于罗振玉也。[①]

实则康殷不仅不是罗王之学的继承人，反而是现当代比较有名的古文字学"民科"。容庚、商承祚二老的高足夏渌曾专门写过一本书批驳康殷的古文字学。[②]顾颉刚暮年研习古文字学已经很难对其研究有所助益了，但这种至死方休的精神仍称得上伟大。

顾颉刚晚年也并未放弃对古史传说的研究，这在《尚书大诰译证》的后半部分"史事考证"中长达十余万字的"祝融八姓"和"鸟夷族"两章中有明确的体现。这些研究，均建立在对《大诰》及相关史料深入解读的基础上，因此《尚书大诰译证》的前半部是对《大诰》篇的校勘和释读。校勘《大诰》，需要对照各种版本，因此在《尚书大诰译证》的开头就是各种文字对照表。在各种版本中，就有属于古文字的"三体石经"和"隶古定"本，这要求校勘者必须对古文字学有基本的认识。加之具体问题的研究中需要频繁使用金文材料，这大概就是顾颉刚始终坚持研习古文字、阅读古文字学论著的原因。这与陈垣年过五旬开始学习蒙文的内在逻辑是一致的。

顾颉刚晚年的学术研究在材料的搜集和运用上能与陈垣的考史之作"差堪匹敌"，只是表面现象，在其背后，是二人治学路径的契合。若要生产出与别人同样高水准的产品，

[①] 《顾颉刚日记》第11卷，1980年12月18日，第754页。
[②] 夏渌:《评康殷文字学》，武汉大学出版社，1991。

则必然有近似的高水准生产线。包罗甚广、立意深远而又严密到难以辩驳的考证之作，恐怕也只能通过这样一条稳扎稳打、步步为营、积跬步至千里的道路实现，虽然未必尽善尽美，但已足够为后学垂范。

第四章　励耘门中考古家

——赵光贤《中国考古学大纲》述评及其他

"考古家"者，有两重含义。其一，即当下考古学（Archaeology）研究者之谓也；其二，钱大昕所谓"予盖深爱顾氏（炎武）考古之勤"[1]者，亦即考辨古史之学者也。这两重含义，又在饶宗颐提出的"三重证据法"[2]中实现了重合。然而，既能够利用田野考古资料，又能考索传世古书、考辨出土文献的"考古家"，实为凤毛麟角。出身陈援庵（励耘）门下的赵光贤当属其中一位。

赵光贤先生（1910~2003）是20世纪著名历史学家，公认的先秦史研究领域的权威学者。他先后在辅仁大学和北京师范大学执教六十余年，培养和影响了一大批学人。赵先生在学术上自成一家，代表作《古史考辨》上溯乾嘉朴学考据之风，传承崔东壁疑古考信精神，尤以古文献和古史考证

---

[1] （清）钱大昕：《潜研堂集》，上海古籍出版社，2009，第240页。
[2] 饶宗颐：《谈三重证据法——十干与立主》，《选堂集林·史学卷》，山东画报出版社，2019，第5页。饶宗颐的"三重证据法"包括田野考古资料、传世文献及出土古文字资料。

见长，这一点学术界早有公论。[①]但长期以来，世人并不知道赵光贤对考古学也有独到的研究。早在中国考古学初创的阶段，赵光贤已开始尝试将田野考古资料运用于古史研究和对古史叙述体系的重建。

笔者在2014年于旧书肆中偶见赵光贤先生于20世纪50年代编纂的《中国考古学大纲》油印本，购回之后请赵先生的学生也是笔者业师晁福林教授鉴定。晁先生细审该书中红笔批注的笔迹，确定为赵光贤先生亲笔所书。经察，《中国考古学大纲》并未公开出版，为赵先生因教学需要自编而成，作为讲义在北师大历史系行用的时间也不长，[②]加之赵先生并无以此书显名于世之心，[③]故长期以来湮没无闻。赵先生的旧友门人讨论其治学经历及学术成就时，亦未见提及这本《中国考古学大纲》。但此书在赵先生的学术体系中实际占据着重要位置，在先秦史和考古学研究领域亦有其特殊价值。而且，由此书反映出的赵先生治学与育人的基本观念，深刻地影响了他的学生，也对当下古史研究和大学历史专业学生的培养有相当的启示作用。

[①] 可参看孟世凯主编《赵光贤先生百年诞辰纪念文集》，中国社会科学出版社，2011。

[②] 该书自题"一九五五学年下学期用"，即1956年上半年开课时使用。赵光贤《我的自述——学史贵有心得》中提到："关于考古学，我特别注意，记得在1956年开过一个学期的考古学课。"（见《亡尤室文存》，前言第6页）赵先生开设考古学课程，仅此一次。到1957年下半年，赵先生被划为"右派"，因此失去了给本科生开课的权利。

[③] 赵先生在该书首页正题下注明"初稿尚待修正，请勿外传"。以今日之标准审视，此书体例完备，内容丰富，理论性与资料性兼备，已属较成熟的讲义。特意注明"请勿外传"，颇能体现老辈学者严谨之态度与淡泊之精神。

中國考古學大綱

(考古學通論講義，一九五五學年下學期用，初稿尚待修正，請勿外傳)

趙光賢

一章 緒言

一、考古學在歷史科學中的地位及其任務

苏联考古学家阿尔茨霍夫斯基說：「考古学是历史科学的一个部门。」又说：「考古学是根据实物史料来研究人类历史的过去的科学。」① 这样的提法是苏联学者用马克思主义的观点提出来的关于考古学的定义，过去资产阶级的考古学家都不是这样讲的。資産階級考古学家一般是把考古学当成一门独立的科学，虽也承認它和歷史学有关，並且也用它来考証歷史，但是並未明確地承認考古学是歷史科学的「一個部門，」它说不是歷史科学的一个部門，究竟就不一定為歷史学服務，結果我们看到西方資產階級的考古学家常流于为考古而考古，或只看成古器物，田野發掘，或美術工藝的研究等等。「資産階級國家中，研究古物联系是脫離了古物社会的社会經濟制度的，根据考古材料，却不能做出有充分价值的歷史結論。」② 有时用地下材料来考証歷史也只限于一些年代事实的零碎考証。

不是目的明確地为研究歷史，为「根据实物史料来研究人类歷史的过去」而考古。当然，这並不是說資産階級的考古学家就不研究歷史，而是說他们不把考古学当作歷史学一个部門，不是目的明確地来为歷史科学服務，因而他们的成就就有一定的局限性。反之，苏联学者的說法，使考古学能更好地为歷史科学服務。这是無產階級科学与資産階級科学不同之处。

赵光贤《中国考古学大纲》首页

"考古家"赵光贤有别于清代朴学大家,不仅在于他对田野考古资料的关注,也在于他的考据是宏大历史视野下对具体疑难问题的研究。而他之所以有宏观的历史视野,很大程度上得益于其对马克思主义史学理论的深刻把握。晁先生收藏有一套赵光贤先生旧时所用的《马克思主义经典作家论资本主义以前诸社会形态》[①],其中赵先生的手书批注,亦可体现他对马克思主义史学理论有相当深入的学习与研究。要言之,这些材料反映出的赵光贤的治学理念,与世人熟知的考据专家形象颇有不同。赵先生出于援庵门下而成"考古家",与这些考据之外的学问实有深刻关联。

一 《中国考古学大纲》的体例与内容

《中国考古学大纲》按页码计至少有182页,笔者购回的这一册第19~22、25~44页缺失,且从体例上看,第182页之后应当还有内容。全书有四种不同的书写笔迹,应当是由四人分别誊写进而油印而成。全书页面排版风格一致,文字较为密集,每页有26~27行,每行26~27字,估算已知182页的字数在12万~13万字。全书完整版的篇幅还要在此之上,这在20世纪50年代的油印讲义中应属篇幅较大者。与赵先生已出版的其他学术论著相比,其篇幅略少于

---

① 此书为中国科学院历史研究所第一、二所编,中华书局1959年版《马克思主义经典作家论资本主义以前诸社会形态》。

《周代社会辨析》[①],大致与《中国历史研究法》[②]相当。长期以来,学术界一般认为赵光贤尤重考证,长篇幅成体系的专著较少,其中《中国历史研究法》还是在课堂讲义的基础上由赵门弟子整理而成。《中国考古学大纲》重新发现后,赵先生的专著数量至少应当增加至三部。而且,该书完稿年代最早,又是由赵先生本人亲自编撰而成,在其个人学术史上当占据重要地位。

《中国考古学大纲》采用章节体,分为五章,每章下分若干节,每节下又分若干小节。笔者将现在可见的各章节目录整理如下:

第一章　绪言
　　一　考古学在历史科学中的地位及其任务
　　二　考古学的对象、范围与分类
　　三　考古学与金石学、古器物学的关系
　　四　考古学与其他学科的关系
　　五　中国考古学的过去和现在
　　六　资产阶级反动理论的批判
　　七　马克思列宁主义的理论对于考古学的意义
　　八　今后中国考古学应走的方向
　　九　本课的目的、范围与重点

---

① 赵光贤:《周代社会辨析》,人民出版社,1980。该书约18万字。
② 赵光贤:《中国历史研究法》,中国青年出版社,1988。该书共16万字,但后面超过四分之一的篇幅都是摘录的前人著作,属赵先生本人所著的当在12万字以内。

第二章　缺[①]

　第一节　缺[②]

　第二节　中国旧石器时代的初期及中期

　　一　周口店遗址与中国原人的发现

　　　（此后缺）

第三章　中国的新石器时代（一）

　第一节　细石器文化

　　一　从旧石器时代到新石器时代的过渡

　　二　新石器时代概况

　　三　中国的细石器文化

　　四　从渔猎到原始农业与畜牧业

　　五　细石器文化与北方部落的关系

　第二节　中国的彩陶文化

　　一　彩陶文化或仰韶文化的意义

　　二　几个重要的彩陶文化遗址

　　　　甲　豫晋地区

　　　　　仰韶村

　　　　　后岗

　　　　　西阴村

　　　　　荆村

　　　　　半坡村

[①] 据第三章标题和本章残存部分的内容，可知此章标题或为"中国的旧石器时代"。

[②] 据此后几章的体例，此节标题或为"概说"。

乙　甘—青区

　　　　半山

　　　　马家窑

　　　　辛店

　　　　齐家坪

　　　　寺洼山

　　　　罗汉堂

　　　　马厂沿

　　　　沙井村

　　丙　其他

　　　　沙锅屯

　　　　红山后

　　　　雅尔崖

三　彩陶文化中的陶器

　　（一）种类

　　（二）形式

　　（三）制法

　　（四）纹饰

四　彩陶文化的年代与分期问题

第三节　中国的黑陶文化

一　黑陶文化与龙山文化的意义

二　几个重要的黑陶文化遗址

　　城子崖

　　两城镇

　　后岗

83

　　　　　不召寨

　　　　　良渚镇

　　　三　黑陶文化中的黑陶

　　　　（一）种类

　　　　（二）器形

　　　　（三）制法

　　　　（四）纹饰

　　　四　黑陶文化的分期与年代

　第四节　小结

　　　一　中国新石器时代的其他文化

　　　二　新石器时代居民的生活

　　　三　资产阶级反动理论的批判

第四章　中国的铜器时代（商至春秋）

　第一节　概说

　　　一　中国铜器时代自何时开始？

　　　二　尚待发现的夏代与商初的遗址

　　　三　从考古学上看商代文化的来源

　第二节　商代中期的郑州遗址

　　　一　二里岗遗址

　　　二　人民公园遗址

　　　三　手工业作坊遗址

　　　　（一）制陶遗址

　　　　（二）炼铜遗址

　　　　（三）制骨器遗址

　　　　（四）酿酒遗址

四　居住基址与墓葬

五　出土遗物

　　陶器

　　铜器

第三节　商代晚期的安阳遗址

一　"殷墟"的发现与发掘

二　穴窖与建筑基址

三　墓葬

四　人殉与人祭

五　青铜器及其他工艺品

　　青铜器

　　　　（1）种类

　　　　（2）纹饰

　　　　（3）制法

　　玉器

　　骨器

　　陶器

六　甲骨文

第四节　西周至春秋

一　古史争论的焦点

二　遗址与墓葬

　　（一）西安

　　（二）洛阳

　　（三）浚县

三　青铜器与陶器
　　　　　甲　青铜器
　　　　　乙　陶器
　　　四　金文与石刻
　　　　　甲　金文
　　　　　乙　石刻
　　　五　从考古学上看商周文化的关系
　第五节　小结
　　　一　地下材料所反映的商代社会的生产力与生产关系
　　　二　地下材料所反映的商代社会的上层建筑
第五章　中国的铁器时代（战国至汉末）
　第一节　概说
　　　一　中国铁器时代自何时开始？
　　　二　铁器使用的社会意义
　第二节　战国
　　　一　几个重要遗址
　　　　　郑州
　　　　　洛阳
　　　　　辉县
　　　　　长沙
　　　　　易县
　　　　　兴隆县
　　　二　建筑基址与墓葬
　　　　　Ⅰ　建筑基址
　　　　　Ⅱ　墓葬

竖穴墓

洞室墓

木椁墓

《中国考古学大纲》除第一章为对基本概念和理论的说明外，第二至五章分别按照历史阶段的早晚依次对各时期中国考古学基本状况进行介绍和分析。阶段划分采用石器时代（旧、新）—铜器时代—铁器时代的分法，并将铜器时代对应商至春秋、铁器时代对应战国至汉末。归纳起来，这四章的基本体例是：概说—典型遗址—小结。概说部分比较倾向于理论，从宏观视角对该阶段进行梳理；对典型遗址的介绍有横向、纵向两条线索，不仅包括对重要发掘地点的介绍，还包括对重要遗迹、遗物及其年代、分类、分期的介绍；小结部分结合理论与资料，对当时的社会形态和文化面貌等"上层建筑"进行分析和说明。可以说，作为讲义，《中国考古学大纲》在体例安排上是科学的，在内容组织上是合理的。

二 《中国考古学大纲》的特点

1. 理论性与资料性并重

从整体上看，《中国考古学大纲》的体例安排和内容设置都体现了理论性与资料性兼备的特点。

在章的设置上，第一章"绪言"中几乎所有的论题都是理论性的。如考古学的学科地位、研究任务、研究对象、研究范围、分类、与周边学科的关系等,这些都是在学科学理层面的分析;所谓"资产阶级反动理论"和马列主义理论,都是直接或间接指导考古学研究的方法论;"今后考古学应走的方向"部分,也是在归纳总结的基础上对中国考古学的未来发展做出展望。20世纪50年代编纂的高校使用的考古学教材,"绪论"大抵都是近似的结构,这一模式一直到《中国大百科全书·考古卷》编纂时仍然沿用。夏鼐和王仲殊为之撰写的"绪论"部分的结构安排为:(1)考古学的定义与特点;(2)考古学简史;(3)考古学方法论;(4)考古学的分支及其与其他学科的关系。[①]与之相比,《中国考古学大纲》的"绪言"理论性更强而方法介绍稍略。这在某种程度上反映了几十年来中国考古学者与历史学者对理论探索重视程度的差异。

与"绪言"部分相对,第二章到第五章分别对石器时代、铜器时代和铁器时代的考古发掘情况进行了介绍,其主体部分由若干具体的考古发掘资料组成。每一章内,开头的"概说"偏重理论,中间主体部分的遗址介绍偏重资料,结尾的"小结"则是理论与资料的结合。同样,在遗址介绍的部分里,既有对典型遗迹、重点遗物的资料性介绍,也有对陶器、铜器及其他各类遗物和遗迹分类、分期的理论性梳理。

以第三章为例。该章第一节的重点是介绍新石器时代、

[①] 中国大百科全书编纂委员会《考古学》编纂委员会:《中国大百科全书·考古卷》,"考古学",中国大百科全书出版社,1986,第1~21页。曾昭燏《考古学通论》的引论部分也是近似的结构(曾昭燏:《考古学通论》,收入《曾昭燏文集·考古卷》,文物出版社,2009,第293~296页)。

中石器时代的概念与特点，并用马克思主义史学的观点对新石器时代的生产力发展水平和生产方式进行解释。从这一节的理论阐释可以看出，赵光贤对当时的考古学体系是有自己的思考与想法的。在当时中国考古学的发展水平下，赵先生侧重以典型器物划分新石器时代考古学文化，即将中国的新石器时代考古学文化大致分为细石器文化、彩陶文化和黑陶文化三类。①

第二、三节的结构基本一致，分别介绍彩陶文化（仰韶文化）和黑陶文化（龙山文化）的典型遗址和陶器。在典型遗址介绍部分，仰韶文化列举了仰韶村、后岗、西阴村、半坡村等遗址，龙山文化列举了城子崖、两城镇、后岗等遗址，②虽然对每个遗址的介绍都比较简约，但基本包括了当时最新的考古发掘动态和研究成果。在逐一介绍典型遗址前，这两节的开头部分还用了一定的篇幅对"彩陶文化"与"仰韶文化"、"黑陶文化"与"龙山文化"的概念进行了辨析，分析考古学文化的典型器物命名法与小地名命名法的优劣。在介绍典型陶器时，赵先生避开了繁复的型式分类，而是用种类、形式、制法、纹饰四条比较容易掌握的线索对仰韶文化与龙山文化陶器的整体状况进行说明。两节的末尾，都对年代和分期做了尽可能直观的总结。很显然，这样做是为了

---

① 这种划分在今天看来是较为粗线条的，但在20世纪50年代中期，中国考古学尚处在草创阶段，新石器时代考古文化谱系还没有搭建起来。按照当时考古资料的积累程度，这种粗线条的划分是完全可以理解的。
② 需要说明的是，随着考古资料的积累，学术界对部分遗址已经有了新的认识。

尽可能与历史学联系起来，使考古资料能够更方便地为历史教学所用。

第四节重新回归对生产力的探讨，并在此基础上对当时人们的生产、生活方式进行推测。最后对 20 世纪上半叶颇为流行的中国文明"西来说"进行了批判。

第四章的结构与第三章有异曲同工之处，第五章后半部分残缺，但从现存的部分看，也大体是"理论—资料—理论"式的撰写方式。考古学有其迥异于传统历史学的学科体系与研究方法，对于历史学专业的本科生而言，过分纠缠理论或过分沉溺于细碎材料，都无益于真正理解考古学的方法、有效运用考古学的资料。《中国考古学大纲》这种深入浅出的叙述模式，无疑更容易被历史系学生接受。

2. 注释体系较为完备

《中国考古学大纲》虽属讲义性质，是为配合北师大历史系本科生的考古学课程而编撰的，但全书所采用的注释体系非常完备，不亚于当时的前沿学术论著。正文中的直接引注大多采用节后注的形式，即在每一节结尾处统一出注，[①]而且每一节都标明"参考文献"。虽然现存本书的第一、二、五章均有不同程度的残缺，难以窥其全貌，但仅从第三、四章的引注情况，也可以看出该书的注释规模：第三章第一节有注释 6 条、列参考文献 5 种，第二节有注释 17 条、列参考文献 15 种，第三节有注释 21 条、列参考文献 11 种，第

---

① 仅第四章第一、二节采用段后注的形式，或与抄写者不同有关。

四节列参考文献10种；第四章第一节有注释2条，第二节有注释7条、列参考文献9种，第三节有注释7条、列参考文献15种，第四节有注释70条、列参考文献12种，第五节有注释1条。排除重复的参考文献和常见历史典籍，仅第三、四章的参考文献就有约70种。其中不仅有中文的论文和专著，还包括多种英文论著[1]和日文论著。这种完备的注释体系的方便之处在于：首先，书中使用资料基本都可以查到原始出处，保证了内容的严谨性和权威性；其次，如果有学生愿意进行更深入的学习，可以按照讲义中的注释和参考文献查阅资料，获得更丰富的学术信息；最后，有利于区分前人成说与作者的思考，既避免了据他人之说为己有的诟病，也不会让作者的思考淹没于讲义之中。

相比较而言，同时期的其他考古学教材对于注释和参考文献的标注及其完备性似乎缺乏重视。如中国科学院考古所的考古学家裴文中、夏鼐等编写的《考古学基础》[2]，是一部面向一线考古工作者的专门著作，该书几乎略去了所有的注释和参考文献；中山大学的人类学家梁钊韬编纂的《考古学通论》[3]，作为当时"高等学校交流讲义"的一种，供中山大

---

[1] 赵光贤英语水平很高，可用英语为学生授课，这在早年间的辅仁大学和北京师范大学历史系非常著名。因此，赵先生直接引用英文文献时会自己翻译，这在《中国考古学大纲》的注释中有所体现。譬如83页注9："安特生：《甘肃考古记》，七—八页，译文是我的，与原书译文有不同。"

[2] 中国科学院考古所：《考古学基础——中国科学院考古研究所工作人员业务学习教材》，科学出版社，1958。该书于1958年正式排印出版，但在1956年就已经油印使用。

[3] 梁钊韬：《考古学通论》，高等教育部代印，1953。

学及全国高校的学生使用，书中的注释也非常稀少；夏鼐为北大考古专业学生编写的授课讲义《考古学通论》[①]，仅见少量注释；原南京博物院副院长、考古学家曾昭燏给南京大学历史系学生讲授考古学时编纂的讲义《考古学通论》[②]，于全书结尾处列参考文献近77种，但基本不见注释。这些20世纪50年代的考古学教材都有筚路蓝缕之功，因受众不同，侧重各异。譬如面向考古一线工作者的教材，从实用性出发，略去注释是很合理的；但面对高校历史系学生的通论性考古学教材，附有丰富、全面的注释和参考文献显然是十分必要的，也更利于教学和学习。仅就注释体系而言，赵光贤的《中国考古学大纲》即使按照今天的学术标准和规范来看，也是完成度极高的。作为面向历史系学生的考古学教材，这应当是较为优长的一种编纂形式。

3. 考古资料与历史研究相结合

赵光贤不是专业的考古学者，他研究考古学的目的是辅助古史研究。关于考古学对古史研究的重要性，赵光贤在课堂上和著作中曾多次强调。在《中国历史研究法》第一章第三节"辅助学科"中，他排在第一位的就是考古学。显然，赵先生认为考古学是历史学研究最需倚重的辅助学科：

[①] 夏鼐：《考古学通论》，收入《夏鼐文集》，社会科学文献出版社，2017。该讲义于1954~1955年已被使用，1956年由北大排印，正式作为教材发放给学生。

[②] 曾昭燏：《考古学通论》，收入《曾昭燏文集·考古卷》。该讲义系1952年下半年为南京大学历史系学生授课时所用。

第四章 励耘门中考古家

  考古学对于历史学的关系特别密切和重要，因为它给历史研究提供地下埋藏的原始材料，而这些材料往往能补文献资料的不足。当然，考古材料不限于地下出土的东西，地面上的古迹或石窟之类也属于考古范围。不论地下或地上的古迹、古物，最后都要和历史联系起来，才能发挥它们的作用，体现考古学的价值。这样看来，说考古学是历史学的一个分支，也不为过分。
  ……这些新发现大大增加了中国史前史的科学内容，它完全扫除了过去讲三代以前的历史只讲些神话传说的不科学的讲法。①

  对于古史研究者和教学者而言，考古学新发现带来的是建立科学可信的古史体系的材料，有利于填补"古史辨"学者打破"三皇五帝"古史体系后造成的"空白"。可以说，在历史学诸多分支中，中国古史研究尤须重视考古学材料，因为"在先秦史方面，由于留下来的古书不多，不够用，必须另辟蹊径"，因此"学历史的必须有考古知识，否则免不了学识浅陋"。②
  古史研究是赵光贤考古学研究与教学的出发点和落脚点。赵先生研读和整理考古资料，并不是为了成为考古学家或专门培养考古学人才，而是为了更好地理解和研究中国上古历史。这一点在《中国考古学大纲》中也有体现。无论是对理

---

① 赵光贤：《中国历史研究法》，第29~31页。
② 赵光贤：《我的自述——学史贵有心得》，《亡尤室文存》，前言第6、7页。

论的辨析,还是对材料的介绍,最终都落脚于历史学研究。

譬如,在第三章的小结部分,赵光贤大胆地推测"在中国传说上中国文明的开创者黄帝及其后裔或许就是使用彩陶的人们"(105页),"创造这个黑陶文化的人们可能是中国史书所载的夷族"(107页)。长期以来,许多考古学者避免将考古学文化同历史文献中记载的传说时代的王朝或部族对应起来,这固然是严谨的学术态度,但学术的进步也离不开"大胆地假设"。中国学者浓厚的古史情结并不曾因材料的多寡而改变,古史研究者永远希望能够确立科学可信的古史体系,如此,将考古学文化与传说时代的王朝或部族相对应也是不可避免的。从目前的材料看,赵先生的推测于文献和考古资料都有相当的合理性,颇具启发意义。

第四章论述的时段是商代到春秋,已经进入有文字记载的历史时期,讲义中考古资料与历史研究相结合的特点尤为明显。赵光贤仍然谨慎地克制了历史学者对古文字与文献资料的偏爱,在资料介绍的部分保持了考古学教材应有的均衡,对商周青铜器的介绍重形制、纹饰而轻铭文,介绍甲骨卜辞、金文与石鼓文的篇幅与介绍遗址、墓葬、陶器的篇幅相当,且最大程度地略去了对甲骨文、金文、石鼓文具体内容的叙述,而是以器物学的视角重点介绍其字体特征和字形变化。这体现了赵先生编纂讲义时对不同学科、不同性质的材料的全盘考虑。在小结部分,赵光贤利用考古资料对这一历史时期的生产力和上层建筑进行推测,并提出了"商周文化关系"这一大论题,使此前对考古资料的介绍落脚于对宏观历史问题的思考上。

考古学在赵光贤的古史研究中的重要性，从其早年发表论文的情况也可看出。赵先生最早师从陈垣先生治明清史，后转西洋上古史，1947年因教学任务骤然转入中国上古史研究。现在所见赵先生在20世纪40年代末、50年代初发表的与上古史相关的论文，有不少是直接与考古学相关的，譬如《文化遗存与种族迁移问题——与岑家梧同志商榷》[①]《论黑陶文化非夏代文化——与吴恩裕同志商榷》[②]《关于殷代俯身葬问题的一点意见》[③]等。这些文章撰写和发表的时间与《中国考古学大纲》的编纂时间基本一致，当是编纂这部讲义时的学术积累和前期准备。

4.闪耀学术思考

作为一部撰写于1955年前后的讲义，《中国考古学大纲》中不可避免地存在一些今天看来稍显教条的论述。但这是时代所限，不当过于苛责求全。《中国考古学大纲》虽然是一部讲义，但在其简练的论述中仍可看出赵光贤鲜明的学术观点和深入的思考论证。譬如第四章小结部分的"地下材料所反映的商代社会的生产力与生产关系"，对商代的政权性质和生产关系都提出了较为客观的看法。当时一些学者因商代和西周没有大量使用金属生产工具断定商代生产力低下，进而认定商代和西周的君主并不是"王"，而只是部落

[①] 赵光贤：《文化遗存与种族迁移问题——与岑家梧同志商榷》，《光明日报》1956年7月5日。

[②] 赵光贤：《论黑陶文化非夏代文化——与吴恩裕同志商榷》，《光明日报》1957年1月17日。收入《古史考辨》时题写定于1956年8月20日。

[③] 赵光贤：《关于殷代俯身葬问题的一点意见》，《考古通讯》1956年第6期。

酋长。① 赵先生驳斥了这种教条主义的观点，提出"从商代没有发现铜制农具来推论商代生产力低下"是错误的。几乎在同时，童书业也对这种将商王认定为"部落酋长"的观点进行了反驳。②

对于商代的奴隶制，赵光贤的观点也与当时主流的看法有所不同。自郭沫若始，马克思主义史家多认为商代为典型的奴隶制社会，20世纪50年代初颇有影响力的范文澜《中国通史简编》③、吴泽《中国历史简编》④、翦伯赞《中国史纲》⑤等著作均持此说。赵光贤虽未直接否定商代是奴隶制社会的说法，但认为"在商代的生产关系中，奴隶主和奴隶的对立至少是其中一种""这种奴隶生产……尚未达到发达的奴隶制的阶段"（171页）。赵先生熟悉西洋上古史，对古希腊、古罗马发达的奴隶制有深入的认识，对商代卜辞材料也很熟悉，所以他对商代已进入典型奴隶制社会的观点持保留态度，认为商代的奴隶生产并未达到像希腊、罗马那样的发达奴隶制阶段。在20世纪50年代能够有这种认识，是非常难得的。在当时特殊的环境下，赵先生恐怕无法明确表达他的学术观点，但这种保留和疑虑也在一定程度上反映出他内

---

① 赵先生没有指出具体是哪位学者。笔者所见当时的论著中，持"商王为部落酋长"说者较著名的是尚钺先生的《中国历史纲要》（河北教育出版社，2000，第14页）。该书系20世纪50年代初中国人民大学中国通史课讲义，1952~1953年在校内印刷使用，1954年由人民出版社出版。
② 参见童书业《关于"中国历史纲要"先秦史及宋史部分的意见》，《文史哲》1955年第3期。
③ 范文澜：《中国通史简编》，华北新华书店，1948，第36页。
④ 吴泽：《中国历史简编》，峨眉出版社，1947，第61页。
⑤ 翦伯赞：《中国史纲》，生活·读书·新知三联书店，1950，第210页。

心的想法。到了20世纪80年代,"无奴派"的兴起在很大程度上便是受到了赵先生的鼓励和启发。①

此外,在某些广为争论的焦点问题上,赵光贤也以其敏锐的学术思维做出了较为精准的判断。譬如,第四章第一节中涉及的"夏墟"问题,自来众说纷纭,赵光贤综合各种记载判断,"可能夏代后期的都邑在今河南中部洛阳一带"(113页)。四年后的1959年,徐旭生进行了著名的豫西夏墟调查,②随后二里头遗址的发掘展开。在20世纪60年代和70年代,主流观点认为二里头遗址是早商都城,③但随着80年代初偃师商城的发现,认为位于洛阳东约二十公里的二里头遗址为夏代后期都城的观点开始占据上风。④

综上所述,《中国考古学大纲》虽然在性质上属于讲义,但在诸多方面都大大超出一般教材的水准。理论性与资料性并重决定了这是一部成熟优秀的讲义,注释体系严密决定了这是一部具有学术严谨性的作品,考古资料与历史研究的结合决定了这部讲义的教学价值,其中闪耀的众多精彩的学术思考则决定了这部作品的学术高度。

---

① 张广志:《赵老对史学理论建设的关注和对"奴隶社会并非人类社会发展必经阶段说"的鼓励和支持》,收入孟世凯主编《赵光贤先生百年诞辰纪念文集》;沈长云:《认清中国古代非西方历史发展道路的特色》,《历史研究》2000年第2期。
② 徐旭生:《1959年夏豫西调查"夏墟"的初步报告》,《考古》1959年第11期。
③ 中国科学院考古所二里头工作队:《河南偃师二里头早商宫殿遗址发掘简报》,《考古》1974年第4期。
④ 参见杨锡璋、高炜主编《中国考古学·夏商卷》第1章"夏文化探索",中国社会科学出版社,2003。

三 "古史考辨"之外的赵光贤

1987年，赵光贤将此前撰写的重要考证文章汇结成集，出版了《古史考辨》一书。①《古史考辨》被视为赵光贤最重要的学术成果之一，是其最为人称道的古史考据学问的代表作。后学对赵光贤的评价，往往特别关注其历史考证的巨大成就。但赵光贤并不是一位单纯的考据家，在"古史考辨"之外，他在考古学、历史教学、马克思主义史学理论上都有独到的研究。这些研究虽然少有单独的成果问世，但深刻地影响了赵光贤的治学风格，在其众多考据文章的角落里，都能够发现他精研这些知识留下的印迹。

1. 考古学情结

赵光贤对考古学的关注，约始于20世纪40年代初。赵先生研究生毕业后，留校任教，承担辅仁大学的西洋史教学任务。在此期间，他阅读了大量西方学者的通史论著，发现早期西方历史学者在讲述古代埃及、两河流域以及希腊、罗马远古时期的时候，同样是神话传说与历史记载纠缠杂糅，到了19世纪以后，由于在考古学方面取得了重大进展，加之严密化和科学化的文献考证，才建立起可信的上古史撰述体系。②在中国，疑古思潮兴起后，打破了旧有的古史撰述

---

① 赵光贤:《古史考辨》，北京师范大学出版社，1987。
② 刘家和:《赵光贤先生的古史研究与求真》，《北京师范大学学报》1990年第2期。

体系，但并没有确立新的可行的上古史尤其是殷代以前历史的撰述体系。运用考古学资料撰述商周以前历史的尝试，萌发于徐旭生的《中国古史的传说时代》，但该书仅零星运用了少量考古材料，整体框架仍然是依靠传世文献搭建起来的。赵先生对此书极为重视，且有高度评价，但也提出"无考古学的证明而只是用纸上材料作工夫，等于纸上谈兵，无大是处，一定免不了多少矛盾"。[1]从教授西洋上古史到教授先秦史，赵光贤始终高度重视考古学，并对利用考古资料建构科学可信的上古史撰述体系抱有信心。

由于对考古学的关注与重视，赵光贤积累了丰厚的成体系的考古资料，并将之运用在教学中。1947年，因张星烺生病，赵光贤接替他讲授先秦史。基于多年的思考与积累，他整体革新了讲授体系，既不采用旧的三皇五帝传说体系，也没有直接跳过殷代以前未发现文字的时期，而是利用考古文化序列讲授殷代以前的历史。20世纪40年代末，赵光贤这种讲授上古史的方式已经定型成熟。著名考古学家赵芝荃曾在1949年进入辅仁大学历史系学习，在大一时听赵光贤利用考古资料讲授史前史，给他留下极深的印象，深刻地影响了他此后的考古事业。赵芝荃晚年回忆，他对考古学的兴趣就是由赵光贤先生那里来的。[2]

1952年，高校进行大规模院系调整，辅仁大学并入北

---

[1] 赵光贤：《书评：中国古史的传说时代》，《大公报》1947年2月8日，第7版。

[2] 北京大学考古文博学院：《记忆——北大考古口述史》（一），北京大学出版社，2012，第165~166页。

京师范大学。赵光贤仍讲授先秦史课程，同时，每年都组织学生参观周口店遗址，还曾请裴文中为学生讲解、答疑，带学生与一线考古工作者交流，近距离观察考古发掘材料。①他自己更是经常去最新的考古发掘现场考察。根据其所撰《中国考古学大纲》中反映的信息，赵先生早在20世纪50年代就开始紧追考古新发现，吸收最新的考古资料。该书在第四章第二节介绍了二里岗时期一个埋有九具人骨的灰坑，赵光贤自注"这是我亲自看到的，材料尚未发表"（119页）。另外，122、123页均有他去考古现场考察时得知的新材料。②赵光贤对中国考古学的发展充满了关切，在他被打为右派的前一个月，还发表了《为提高我国考古学的科学水平而努力》一文。③这篇文章对当时中国考古学的发展状况提出了不少中肯的批评，也提出了一些建设性的意见，有些观点放到今天仍然可算切中要害。

即使在被划为"右派"之后，乃至于处境艰难的"文革"时期，赵光贤对于考古学的热情仍未改变。20世纪60

---

① 赵光贤：《我的自述——学史贵有心得》，《亡尤室文存》，前言第6页；《史四参观周口店》，《师大教学》1956年3月31日。20世纪五六十年代，赵光贤几乎每年都带领北京师范大学历史系大一本科生参观周口店遗址，甚至在他被剥夺给学生上课的权利之后仍然坚持不辍。大一学生参观周口店遗址的传统在北师大历史专业一直延续到今天，是赵光贤先生为代代学子留下的宝贵财富。

② 赵光贤曾于1955年三四月间与杨钊一起赴郑州、洛阳、西安参观考古发掘现场，这几处"亲眼看到"的材料，很可能就是在这次参观中见到的（见陈继珉《历史系举办参观郑州等地发掘文物古迹报告会》，《师大教学》1955年5月21日）。

③ 赵光贤：《为提高我国考古学的科学水平而努力》，《考古通讯》1957年第4期。

年代末，北京师范大学在山西临汾建立分校，随后即成为北师大五七干校。1971年，历史系的几位老先生被下放至临汾劳动，除赵光贤外，还有何兹全、李雅书、王桧林等。几位先生经常要去附近的高堆村接受贫下中农再教育，却也意外在此发现了大量红陶片和两个体型巨大的石犁头。询问村民后，赵光贤判断这是一处新石器时代到战国时期的文化遗址，但已遭到严重破坏。为保存标本，他在从临汾返京时带回了一大包陶片进行研究。2001年，由于修建大运高速公路，当地考古工作者对高堆遗址进行了抢救性发掘，[①]对遗物的描述和时代的判断与赵先生三十年前的论断基本一致。由于对考古学的高度关注甚至痴迷，考古学甚至成为赵先生除先秦史之外的"第二专业"，何兹全就曾评价赵光贤是"研究先秦史兼作考古的"[②]。

"文革"结束后，赵光贤多次带着自己的研究生去考古新发现的现场考察。自1979年开始到20世纪80年代后期，赵先生不顾高龄，带着学生参观过安阳、郑州、洛阳、西安、周原、宝鸡、太原等地的考古发掘现场。他在考古工地挥汗如雨、高低攀爬、长须飘动的形象，在当时考古学界和历史学界不少学者口中传为美谈。他常说一句话："考古工作者是站在第一线，古文字学家和古器物学家站在第二线，历史学者站在第三线，没有考古学家的不断努力，我们研究先

---

① 马昇、王京燕:《临汾高堆：劫后余生的"唐尧聚落"》,《文物天地》2002年第11期。
② 何兹全:《爱国一书生》，华东师范大学出版社，1997，第325页。

秦史就很难办了。"① 如今赵门诸先生还常常提起这段话。

前文所述《中国考古学大纲》是赵光贤的考古学情结在教学方面的集中体现。作为一部面向历史学专业学生的考古学教材，它避开了类型学与地层学，以介绍考古学理论和资料为主，建构起能与历史分期断代相对应的考古文化序列。赵先生一生都致力于考古学和历史学的融合，非常注重指导学生充分利用考古学资料进行历史学研究。这种方法在古史研究领域至今仍然极具价值。由于考古学与历史学的学科体系、话语体系和研究方法迥异，通行的各种考古学教材对历史学专业的学生而言颇显隔膜，难以充分理解学习。编写一部适合历史专业学生学习和使用的考古学教材，在当下仍显得十分必要和迫切。赵先生的《中国考古学大纲》早在六十多年前就做出了有益的尝试，这方面的价值也值得我们重视。

2. 教材编纂成就

赵光贤素以历史考证著称，其在先秦史和明清史研究领域的成就在学术界早有公论，而他在历史教学和教材编纂上的贡献也值得大书特书。赵先生在辅仁大学和北京师范大学任教长达六十年，培养的研究生许多已经成为学术界知名的专家，受其影响而走上学术道路的学子更是不计其数。

在漫长的教学生涯中，赵光贤不仅讲授过中国史的课程，也承担过西洋史和考古学的授课任务。更让人惊叹的是，赵先生还编纂过中国史、世界史和考古学三个学科的基础教材。

---

① 赵光贤：《我的自述——学史贵有心得》，《亡尤室文存》，前言第 7 页。

1961年，中宣部、教育部组织召开全国高校文科教材计划会议，历史学教材的编纂工作在翦伯赞的统筹下展开。其中，《中国通史参考资料·古代部分》第1册[①]就是在赵光贤的主导下完成的。但由于赵先生当时已被划为"右派"，被剥夺了署名的权利，所以该书由何兹全署名。多年之后何先生在其自传《爱国一书生》中澄清了这段公案，还给赵先生一个公道。[②] 我们今天再看《中国通史参考资料·古代部分》第1册，依然能够感觉到这部书中蕴含着浓厚的赵光贤学术特色——全书240页的篇幅，有90页都用于介绍考古资料。

1940年，赵光贤从辅仁大学研究生毕业并留校任教，教务长荷兰人胡鲁士要求他教授历史系的西洋上古史和外语系的世界史，前后长达七年之久。为了配合世界史的教学，赵光贤与胡鲁士合编了世界史教材《西洋上古史》，此书作为辅仁大学历史系的教材使用多年。这部《西洋上古史》至今在北京师范大学历史学资料室里仍能看到。

《中国通史参考资料·古代部分》第1册、辅仁大学版《西洋上古史》，加上《中国考古学大纲》，赵光贤一生中编纂过三部基础课教材。按照当下的学科划分，大历史学科分为中国史、世界史和考古学三个一级学科，能够兼及中国史和世界史的学者已是凤毛麟角，而于中国史、世界史、考古学均有涉猎乃至于都曾编著教材和授课者，在近世以

[①] 何兹全主编《中国通史参考资料·古代部分》第1册，中华书局，1962。

[②] 何兹全：《爱国一书生》，第272页。

来的中国历史学界更是极为罕见。遗憾的是老一辈学者素有述而不作之高风，赵光贤的这些成就或未能署名，或未刊行于世，或刊印而仅于内部使用，以致长期不为人所知。晚辈后学，当有责任恢复历史原貌，不使前辈大家的成就湮没于历史。

3. 对历史唯物主义的学习与应用

关于1949年后留居大陆的"旧史学家"群体对唯物史观的接受情况，有学者总结为"遗世独立型""入乡随俗型""有心无力型"三种类型。①也有学者指出，"如陈寅恪那样敢于并能够做到'遗世独立'的史家，毕竟数量极少，人数最多的应该是'入乡随俗型'，不论是'有心无力'或者是'有心有力'者，也在积极地向着'入乡随俗型'靠拢"。②

在全民学马列的大背景下，是否接受"唯物史观"，对于绝大多数"旧史学家"而言都不是一个能够选择的问题，赵光贤自然也不例外。不过值得注意的是，赵光贤并未参与20世纪50年代极为热烈的古史分期问题论辩。关于中国奴隶社会与封建社会的分界，最激烈的交锋集中在西周封建论和战国封建论之间，而这两说以及影响稍小的殷商封建说、春秋封建说都落在先秦史研究的范围内。因此，与赵光贤同辈、在新中国成立前业已成名的诸多古史研究者大多参与了这次大论辩，包括胡厚宣、童书业、杨向奎、杨宽、张

---

① 王学典主撰《顾颉刚和他的弟子们（增订本）》，第173页。
② 张越：《选择与坚守：新中国建立初期的顾颉刚（1949~1954）》，《清华大学学报》2015年第5期。

政烺、徐中舒、唐兰、于省吾、王玉哲、斯维至等。[1]在几乎所有同辈的知名古史研究者参与这场大论辩的同时，赵光贤却没有发表任何看法。直到70年代末他的《周代社会辨析》出版，学术界才知道他是西周封建论的拥护者。而此时，"五朵金花"已成明日黄花，中国的历史学研究也即将进入一个全新的时代了。

那么，为什么赵光贤没有在争论最激烈的时候参与到这场论辩中呢？从客观层面上讲，赵光贤于1957年被划为右派，直至1980年底才得到彻底改正[2]。至少在1957年至"文革"结束的二十年间，"右派分子"赵光贤是几乎没有发表论文和出版著作的权利的。[3]这无疑影响了他参与学术界的讨论，也大大延缓了《周代社会辨析》问世的时间。但在1957年之前，古史分期问题的讨论也已经进行了数年，赵光贤为何没有参与其中呢？

可以排除的是，这并不是因为赵光贤由明清史研究转为古史研究尚未适应。早在20世纪40年代后期，赵光贤已经在《大公报》《益世报》发表古史论文多篇，颇见

---

[1] 参看罗新慧《二十世纪中国古史分期问题论辩》，百花洲文艺出版社，2004，第166、209~218、250~256页。

[2] 见《武兆发、赵光贤、何挺杰教授被错划右派问题得到改正》，《师大教学》1980年12月13日。

[3] 在此期间，赵光贤只在1962年"右派摘帽"后（见《校委会宣布摘掉钟敬文等右派"帽子"》，《师大教学》1962年9月13日）发表了唯一一篇学术论文《"文王卑服即康功田功"解》（《北京师范大学学报》1962年第3期），且只有一个版面的篇幅。

治史与取径：陈垣、顾颉刚学术散论

水准。① 进入 50 年代，对传世文献和古文字材料均已精熟的赵光贤，更开始在考古学上潜心用力。以这样的知识结构，参与到当时的古史分期问题论辩中是不会力有不逮的。赵光贤在 1954 年发表有《读范著中国通史简编修订本第一册》一文②，指出该书存在的若干问题，可以说相当切要，极见功力；同时，这篇书评也已经触及古史分期问题的论辩。在此文的第四点中，赵光贤在赞同西周封建论的前提下，对范文澜提出的"从《诗经》叙述文王即西周初年的诗篇看来，当时确已实行封建制度"以及武王灭商是因为"新制度社会必然要战胜旧制度社会"等观点表示了不同的看法，他认为"周代封建生产方式不是周族从西方带来的，而是孕育发芽于商族奴隶社会之内"。虽然这只是相当简略的论述，但已经形成了自己的观点，且有一定的逻辑链和证据链。在这种情况下，是什么原因让赵光贤在 1954~1957 年三年间都没有将自己关于西周封建制度的研究成果公之于世呢？这一点没有材料能够直接说明，但通过一些旁证可以窥知一二。

在赵光贤 50 年代发表的文章中，虽然常常提到"马克思主义""历史唯物主义"等概念，但几乎不见引用马列原

---

① 赵光贤：《书评：中国古史的传说时代》，《大公报》1947 年 2 月 8 日；《殷周人不以日为名说》，《益世报》1947 年 11 月 17 日；《大鼎志疑》，《益世报》1948 年 2 月 28 日。前两篇文章均收录于《古史考辨》，至今仍有参考价值。《大鼎志疑》一文有失偏颇，故未收入文集。

② 赵光贤：《读范著中国通史简编修订本第一册》，《历史研究》1954 年第 6 期。

典。即使是批判胡适[①]和评价范文澜《中国通史简编》的文章，引用马列原典似乎是题中应有之义，也未见提及。《中国考古学大纲》绪言的第六部分"资产阶级反动理论的批判"、第七部分"马克思列宁主义的理论对于考古学的意义"，则基本是照搬苏联专家的论述，对马列主义原理的自主运用很少，个人论述的部分显得教条且贫乏。而赵光贤在1955年就完成的论文《关于中国历史分期问题的方法论的商讨》，在拿到北师大历史系科学讨论会上讨论时，得到了如下评价：

> 不少人的发言中，认为赵先生长期研究了大量资料，且在论文中强调中国古代社会历史的研究必须运用考古学和人类学方面的最新成果等都是很好的。同时，也有人指出，论文关于历史发展中生产力对于生产关系的决定性作用的阐述不够明确；还有对于正确的立场观点在历史研究中的重要意义没有提及，也不无缺陷。白寿彝教授最后发言，他结合论文的讨论谈到要重视理论学习。他说，只有虚心学习理论，才能逐渐克服科学研究中的教条主义和经验主义偏向。[②]

---

① 赵光贤：《胡适的唯心主义历史观对中国古史研究的毒害》，《北京师范大学学报》创刊号，1956年。
② 陈继珉：《历史专业举行第二次科学讨论会》，《师大教学》1955年12月30日。报道的撰写者陈继珉长期在辅仁大学和北京师范大学历史系任教，治明史，与顾诚同一年晋升副教授。

虽然只是简要的总结，但也可以从中窥知赵光贤的这篇旧文的优缺点以及由此反映的作者知识结构的长短板。此时的赵光贤显然对考古学和人类学十分熟悉，但对历史唯物主义中生产力、生产关系问题的理解稍有欠缺。白寿彝所说"重视理论学习""克服科学研究中的教条主义和经验主义偏向"，如果确实是针对这篇论文而发的议论，那么可以推测此时赵光贤对马克思主义史学理论的学习和运用还是稍显不足的。

然而，读过《周代社会辨析》一书的人都会有非常明显的感觉，赵光贤对马恩原典的熟稔已经达到了相当高的水准。他在其中引用、辨析马恩著作中的相关论述，可谓手到擒来、圆融通畅。在《中国历史研究法》中谈到历史研究与辩证唯物主义、历史唯物主义的关系时，也是极具理论水平的。①

赵光贤开始潜心研究马克思主义史学理论，是在他被错划为"右派"之后。② 由"入乡随俗"转为"潜心研究"，我们已无从得知他当时的心境，但在彼时的特殊环境下仍然这样做，至少是真心屈服。从赵光贤对《马克思主义经典作家论资本主义以前诸社会形态》的手书批注中，可以清晰地看

---

① 见赵光贤《中国历史研究法》，第158~167页。
② 赵光贤在1980年出版的《周代社会辨析》前言中说："从最初属稿到今天，经历了整整二十年。"倒推20年，是1960年，而他手批《马克思主义经典作家论资本主义以前诸社会形态》的时间，也在此前后。1957年被划为"右派"后，赵光贤被剥夺了上课的权利，加之此时他肠胃疾病甚重，休息的时间很多，集中研读马克思主义史学理论著作，大概就在此数年间。

到他潜心研读马恩原典、用心学习历史唯物主义并试图将之运用于古史研究的种种细节。

通过书中的批注可知，赵光贤主要阅读学习了与古史分期问题有关的章节。《马克思主义经典作家论资本主义以前诸社会形态》共五章，前两章是基本理论，后三章分别是"原始社会""奴隶社会""封建社会"。赵光贤在第一、二、四、五章都留下了大量红笔批注，而"原始社会"一章则完全没有批注过的痕迹。这说明赵先生学习马克思主义史学理论有非常明确的问题导向，即解决中国奴隶社会与封建社会的分期问题。

赵光贤藏书《马克思主义经典作家论资本主义以前诸社会形态》中英文签名

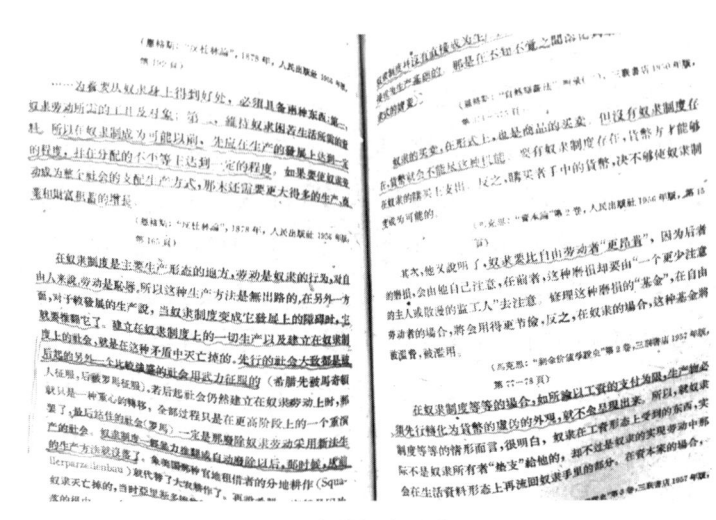

用朱笔标出重点

　　另外，赵光贤在阅读此书时，还找来德文本马恩原典对读，因此在书中很多地方，都留下了"德文本xx页"的批注。对于某些翻译中不恰当或不通顺的地方，也会予以订正，如将"保证集体生存"改为"自给自足"，将"斯基台人"改为"西徐亚人"。这种直接用德文本对读的方式，说明赵光贤对马恩著作的学习已经到了相当深入和专业的地步。如果只是想在论著中点缀一二处对马克思、恩格斯的引用，是无须下这样深的功夫的。正如赵光贤在《周代社会辨析》前言中所说："研究历史问题必须从事实出发，不能从理论出发，这是马克思主义历史科学以及一切科学的基础，必须始终坚持，否则必定入于歧途。"① 正因为要以史实为基础辩证地解释马克思主义的相关理论，才必须真正吃透辩证唯

---

　　① 赵光贤:《周代社会辨析》，前言第1~2页。

物主义和历史唯物主义。

标注德文本页码

修订译文

1949年之后，潜心学习研究历史唯物主义的"旧史学家"不在少数，但有所成者并不多。如陈垣、顾颉刚等史学大师，或诚心研习，或半推半就，但终究都没能真正将历史唯物主义运用到自己的研究当中，最多是锦上添花，还常给人一种融而不入的感觉。① 赵光贤虽然比他们年轻很多，但

---

① 李政君：《唯物史观与1949年后顾颉刚的古史研究》，《中国史研究》2017年第3期。

到20世纪50年代后期,也已年近五旬,以往的治学风格也是以较为老派的历史考据为主。对历史唯物主义,他之所以能够学有所成,并写出《周代社会辨析》这部真正意义上的历史唯物主义史学著作,大约有以下三点原因。

第一,赵光贤早年毕业于清华大学政治系,英文、德文水平很高。早在大学时期,他就阅读过许多英文政治学书籍。其学科背景和外语水平让他可以直接阅读马克思、恩格斯的德文原著,较之多数"旧史学家"自然更容易读懂马恩原典以及相关的理论著作。

第二,赵光贤在大学时就研习西洋史,在辅仁大学任教后,更是与胡鲁士一起编写《西洋上古史》,并用英语授课。因此,他熟知希腊、罗马历史,对奴隶制、封建制等源生于西洋古代史的历史学概念相当熟悉,可以说远胜过当时一般的中国史研究者。这对他深刻理解马克思主义史学理论应当是很有助益的。

第三,在20世纪40年代后期以前,赵光贤都以明清史专家闻名。在他治先秦史不久后,新中国即宣告成立。他比较重要的古史论文,基本都是1949年之后才发表的。这就意味着,到开始学马列,虽然赵光贤已年岁不小且名声在外,但在古史研究领域还是一个"新人"。没有确定成型的治学路径和思维习惯,较少思想包袱,自然能够更轻松地将历史唯物主义融入其古史研究。

赵光贤对历史唯物主义的研究,也许起初只是"入乡随俗"。但从20世纪50年代后期开始,在长达二十年的时间里,他深入研读马恩原典,对辩证唯物主义和历史唯物主义有精深的研究和理解，成为一名能够在古史研究中真正地而非教条地运用马克思主义理论的史学家。《周代社会辨析》是这二十年心血的结晶，是运用唯物史观指导古史研究的典范之作；且其虽然是唯物史观指导下的论著，但仍保持了"史料派"的底色。明白了这个背景，阅读《中国历史研究法》时，见到其中既强调坚持历史唯物主义，又强调坚持中国传统的考据方法，才不会感到突兀。赵光贤在80年代写下这些话的时候，已经与时代因素无关，也与意识形态无关，纯然是由其知识结构和实践过的治学方式自发而成的。

笔者无意于把赵光贤拔高为一时一代最伟大的古史研究者之一，这既不符合事实，也无益于我辈学术的进步。但笔者认为，赵光贤先生用其亲身经历，为后人指出了一条广博与务实兼顾的治学道路，这是一条在当下和未来都应当被从事古史研究的人所重视的道路。以历史考据为根柢，以疑古辨伪为基础，以古文字、考古资料和历史唯物主义为梁柱，佐以世界上古史的对照，这样的古史研究方式，至少在笔者看来，是最理想、最具前途的模式。这大概是赵光贤先生在中国近现代学术史中的特殊意义所在，也是他值得后学铭记的重要原因之一。

第五章　援庵麾下疑古派
——赵贞信传略

赵贞信是顾颉刚最亲密的入室弟子之一，是古史辨派重要的实干家。他也是以陈垣为魁首的辅仁学校的老资格教师，曾与启功、刘乃和、郭预衡等人为同侪，后辅仁大学并入北京师范大学，又在陈垣的领导下工作了数十年。他还是胡适的合作者，民俗学创建时期的参与者，红学论辩的推动者；他在古籍整理领域留下了传世之作，在古史研究中也有可观的成果。但是，他亦是一位被遗忘的人物，"赵贞信"这个名字在今天已经很陌生，除了在其家乡县志中留下了一小段生平记载，[①]在几乎所有的学术史论著中都找不到他的

---

① 《富阳县志》（浙江人民出版社，1993）有约400字的赵贞信生平记载，这是目前所见公开出版物中唯一对赵贞信生平事迹的整理。《富阳县志》中并未注明这段文字有何来源、是谁所作。在王运祥主编的《富春茶话——诗书画文颂安顶云雾茶专辑》一书中有相同的文字，后注"夏家萧供稿"（富阳茶文化研究会出版，2008，第111页），知这段记载赵贞信生平的文字系夏家萧所写。夏家萧生于20世纪20年代，系清末民初富阳县大儒夏震武的同村族人，而赵贞信与夏震武关系密切（见《顾颉刚日记》第2卷，1931年2月28日、1932年9月26日，第500、692页），且夏、赵两族均居于富阳县里山镇。故夏家萧有途径获悉赵贞信的生平，其记载亦大体可以得到其他材料的印证。偶有夸大或偏差处，以下随文辨析。

一席之地。赵贞信并没有被刻意抹杀，他只是一位出生于晚清、成长于民国、在新中国也生活了数十年的普通学者。他的名字随着时间的流逝自然而然地淡去，即使他经历了近现代中国学术发展中的许多大事、与许多著名学术大师有过交往。

陈垣、顾颉刚都是近现代颇负盛名的史学大师，对他们的研究早已汗牛充栋；赵光贤是20世纪后半叶最著名的先秦史专家之一，在学术史中已占据一席之地，亦不乏怀念者与研究者。近些年来，史学研究提倡"向下看"，即不应只盯着王侯将相、文人骚客，也应当分出一些精力研究平民百姓的悲欢哀乐。纵观目前的学术史研究，仍然将主要精力集中于处在学术脉络主干中的"大师"们——这当然是必需的，也是非常重要的。而不可否认，那些秉持科学精神在学术研究中耕耘一生的"普通"学者，或许早已如枯叶落地、零落成泥，却也曾在不同程度上共同滋养了我们当下所见到的庞大学术体系。毕竟，在任何时代的任何行业，得享盛名者永远只有少数，而隐没于历史尘埃中的普通人也值得偶尔的关注，其平凡但未必没有令人动容处的生平经历亦值得记录。

赵贞信正是这样一位"普通"学者。他大半生都处于顾颉刚和陈垣这两个巨大身影下，数十年的读书与研究不足以给他带来显赫声名，甚至"公平"这个词都时常离他远去。他的一生，是充实而颇多无奈的平凡一生。本书行文过半，已经给学术大师们留下足够多的笔墨。余下的篇章，就留给这位几乎被学术史遗忘的"普通人"赵贞信。

治史与取径：陈垣、顾颉刚学术散论

一　多年师生如父子
——顾颉刚与赵贞信

赵贞信，字肖甫，浙江富阳县人，1902年10月生人。[①]关于赵贞信早年的经历，《富阳县志》记载道：

> （赵贞信）出生于书香门第，早年丧父，从其兄云淦读。后因家道中落，辍学至江苏南通学徒，"五四"时期因举报店主贩卖日货被辞退。返乡后，创设"屯亨书塾"课读蒙童。同时，刻苦自学，攻读经史，旁及诸子百家，并阅读《东方杂志》、《国闻周报》等书刊，开始接触新思潮。[②]

赵贞信早年的经历无疑深刻地影响了他此后的人生轨迹。他没有系统地读过任何学校，甚至连中学学历都没有。后来，在辅仁大学人事登记表的"学历"一栏中，赵贞信写下了工整有力的八个大字"未入学校故无学历"，似乎也并无隐讳之意。赵贞信早年在富阳老家，曾受业于宋学大儒夏

[①] 据赵贞信于1950年前后填写的《私立北平辅仁大学校人事登记表》，其籍贯为"浙江富阳县里山镇"，出生于"民国前十年十月"（北京师范大学藏私立辅仁大学档案，档案号：6.2-0129-0001）。

[②] 王文治主编《富阳县志》，第942页。

116

震武。①夏震武是清末颇有影响的风云人物,也是浙江教育界的耆宿。赵贞信虽然没有拿到学位,但师从夏震武的经历为他打下了深厚的旧学根柢,这也是他得以成为顾颉刚弟子的前提。青年时代开办蒙学书塾的经历,必然磨炼了他的教学能力;五四运动中的躁动表现和他对新思潮的关注,则说明赵贞信并不是两耳不闻窗外事的纯学究,面对时代洪流是有些热心的。

赵贞信青年时期照片

资料来源:王文治主编《富阳县志》,第942页。

赵贞信能够与顾颉刚结识,要追溯到他的富阳县同乡夏定域。据《顾颉刚日记》记载,顾颉刚于1927年9月中上旬在杭州为广州中山大学购书时就已经认识夏定域。②顾颉刚到

---

① 据童书业言,赵贞信"幼贫失学,稍长获其乡先生夏灵峰之教,始致力于古文经学"(童书业:《记赵君肖甫》,收入《童书业著作集》第7卷《精神病和心理卫生·集外集》,中华书局,2008,第398页)。1935年起,童书业长住顾颉刚家中数年之久,与赵贞信有密切的往来。此文中所写赵贞信早年的经历,应当都是赵贞信亲口告诉童书业的。

② 《顾颉刚日记》第2卷,1927年9月11日,第85页。

治史与取径：陈垣、顾颉刚学术散论

中山大学不久，夏定域随之而来，担任中山大学助教，并在一段时间内充当了顾颉刚的助手。1929年，由夏定域举荐，赵贞信进入中山大学图书馆善本书室工作。后因广东省长公署旧档拨交中山大学语言历史研究所，赵贞信遂调入语史所主持这批档案的整理，[①] 与钟敬文、朱芳圃、夏定域等人同在语史所共事。[②] 赵贞信与顾颉刚、傅斯年相识，应当在此期间。

此时的赵贞信，是一位充满了勃勃生机的热血青年，即使在"佣书"的岗位上，仍然做出了令人瞩目的成绩。他制定的《档案整理办法》，即使今天看来也是相当严谨的。加之学识广博且长于古文[③]，赵贞信受到顾颉刚的赏识可以说是情理之中的。

1929年，因与傅斯年之间的矛盾激化，顾颉刚离开广州中山大学，于当年9月开始担任燕京大学国学研究所导师研究员。1930年9月前后，赵贞信也离开了中山大学，从广州来到南京。[④]1930年底至1931年初，顾颉刚南归探亲，从苏州北上返回北平时路过南京，赵贞信此时正居于南京，

[①] 赵肖甫：《本所整理档案之过去及将来》，《国立中山大学语言历史学研究所周刊》第116期，1930年1月29日，第7~17页。
[②] 刘小云：《学术风气与现代转型：中山大学人文学科述论（1926~1949）》，生活·读书·新知三联书店，2013年，第32页。
[③] 赵贞信曾自言："信早岁习为古文辞，虽颇受人称誉，然学浅识陋，实多言之无物者。"（赵贞信：《廖柴舟先生年谱》，《文学年报》第6期，1940年，第299页）此虽自谦之语，仍可知其擅长古文。
[④] 据赵贞信《封氏闻见记校证》（燕京大学哈佛燕京学社引得编纂处，1933）"自序"，他于1930年9月乘船自广州前往南京。1930年11月，顾颉刚受其北大同学卢逮曾之请托，为卢的祖父写传，顾"寄南京请赵肖甫君代作"，亦可证明赵贞信此时仍在南京（《顾颉刚日记》第2卷，1930年11月25日，第463页）。

顾、赵二人遂同往北平。^①自此时起至卢沟桥事变，赵贞信一直是顾颉刚身边最亲近的弟子之一。这也是赵贞信研究成果产出最丰厚的时期。

赵贞信到北平后，先后在燕京大学图书馆、北平研究院、禹贡学会等机构工作，虽然也参与了燕京大学引得编纂处的工作[2]，但主要还是作为顾颉刚的私人助手，协助顾颉刚整理《崔东壁遗书》、创办《禹贡》半月刊。顾颉刚也对赵贞信尽心培养，不仅在学术上悉心指点，在生活上也十分关心，还将赵贞信引荐给许多知名人物。

1931年，赵贞信在《燕京学报》上发表了一篇文章《崔东壁先生故里访问记：图后附说》[3]，主要是对崔述家乡大名县一些地名的考证，这是赵贞信发表的第一篇有一定影响的研究性论文。[4] 1931年6月底至7月上旬，在前后半个月的时间里，顾颉刚多次为赵贞信撰写此文提供帮助。从查资料到文章修改润色，都有顾颉刚的付出。[5]

此后数年，赵贞信的若干重要论著多由顾颉刚把关、修

---

① 据《日记》，顾颉刚于1931年1月15日离开南京，当日与赵贞信"同饭"；17日中午抵达北平，而18日即与赵贞信一同出门访友（《顾颉刚日记》第2卷，1931年1月15日、17日、18日，第483~485页），可见二人必是同车从南京返回北平的。

② 如聂崇岐主编，邓嗣禹、赵贞信等编校《太平御览引得》，燕京大学哈佛燕京学社引得编纂处，1935。

③ 赵贞信：《崔东壁先生故里访问记：图后附说》，《燕京学报》第9期，1931年。

④ 此前赵贞信虽有一些文章在《民俗》周刊和《国立中山大学语言历史学研究所周刊》上发表，但都不算是研究性论文，刊物的影响力也不大。

⑤ 见《顾颉刚日记》第2卷，1931年6月24日、7月5日、7月10日，第539、543、544页。

改。赵贞信一生中最重要的著作《封氏闻见记校证》完稿后，顾颉刚用两天时间为他覆核句读。① 赵贞信为顾颉刚《书序辨》所作的《序》，亦由顾颉刚用两天时间精心修改。② 请赵贞信为自己所编之书作序，本身就是一种提携。顾颉刚主持整理的《崔东壁遗书》完成后，他又安排赵贞信为《校勘记》作序。《序》成之后，顾颉刚仍然费两日之功为之修改。③ 赵贞信在学术界有一定的影响力和名气，主要靠《封氏闻见记校证》《书序辨》《崔东壁遗书》三部著作，三者都离不开顾颉刚不遗余力的帮助。

在生活上，顾颉刚也给予赵贞信不少关心。赵贞信到北平后，一时寻不到住处，遂居于顾颉刚家中长达九月有余，直至1931年10月才迁至燕京大学旁的吉祥胡同职员宿舍居住。④ 为了让赵贞信有收入与身份，顾颉刚安排他在燕京大学图书馆工作，⑤ 但这个工作与中山大学图书馆的工作近似，都不属于大学的正式编制。⑥ 1935年7月，顾颉刚受聘担任北平研究院史学研究会历史组主任，当即聘赵贞信任北平研究院编辑，月薪五十元。此后，顾颉刚为禹贡学会募得房产

---

① 《顾颉刚日记》第3卷，1933年4月18日、4月19日，第36页。
② 《顾颉刚日记》第3卷，1934年1月28日、1月29日、1月31日，第154、156页。
③ 《顾颉刚日记》第3卷，1934年3月3日、3月4日，第166页。
④ 《顾颉刚日记》第2卷，1931年10月13日，第572页。
⑤ 参见《顾颉刚日记》第2卷，1931年3月9日，第505页。
⑥ 在辅仁大学人事登记表中，赵贞信也未将中山大学、燕京大学的工作经历写入。后来顾颉刚为了解决同样无学历的童书业的生活与工作问题，仿照赵贞信的旧例，让童书业住在自己家中，并担任没有正式编制的燕京大学"助教"（参看王学典主撰《顾颉刚和他的弟子们（增订本）》，第156~157页）。

及办公经费，又聘赵贞信为禹贡学会编辑，月薪五十元。[①]赵贞信亦迁居禹贡学会办公地居住。

1937年3月禹贡学会同人合影，前排右一为赵贞信

资料来源：《顾颉刚古史论文集》卷1，书前彩页照片。前排右起：赵贞信、史念海、陈增敏、顾颉刚、冯家昇、张维华、吴志顺、张子玉。后排右起：顾廷龙、李秀洁、韩儒林、童书业、冯世五、栾植新。

顾颉刚为缓解门下弟子的经济压力，常常以自己的名义接下稿约，以索取较高的稿费，然后请弟子代笔撰写，所获稿酬悉数归弟子所有。赵贞信工古文，也曾为顾颉刚代笔。如《〈陆士衡诗注〉序》一文[②]，即由赵贞信草拟初稿。[③]但涉及有分量、有影响的学术成果，顾颉刚也十分尊重代笔者的

[①] 参见赵贞信《私立北平辅仁大学校人事登记表》，北京师范大学藏私立辅仁大学档案，档案号：6.2-0129-0001。
[②] 收入《宝树园文存》卷5，第279页。
[③] 《顾颉刚日记》第2卷，1932年1月13日，第600页。

署名权。胡适于1923年开始编写《科学的古史家崔述》(即《崔述年谱》)，因事中断八年未能完成。胡适原本是托顾颉刚继续编纂，但顾颉刚事务繁多，就请赵贞信代为完成。赵贞信很出色地完成了《崔述年谱》的编纂与考订，胡适对此十分满意。①在《崔东壁遗书》一书中多处可见赵贞信的名字，充分展现了他的贡献。

为了赵贞信的长远发展，顾颉刚利用自己的影响力，把赵贞信引荐给当时的一些知名人物。在与赵贞信相识不久后，顾颉刚就将他推荐给戴季陶，②戴季陶对其文才颇为赞许。③赵贞信到北平后，顾颉刚赴宴常常携赵贞信同往。在燕京大学期间，由于顾颉刚弟子的身份，一些燕大名流对赵贞信也另眼相看。其中顾廷龙与赵贞信交往颇多。顾廷龙是顾颉刚之族叔，与赵贞信年纪相仿。二人曾同游故宫，④赵贞信还屡次请顾廷龙看电影。⑤顾廷龙曾送给赵贞信一幅篆书

---

① 胡适:《科学的古史家崔述·后记》，收入顾颉刚编订《崔东壁遗书》，上海古籍出版社，1983，第1015页。
② 《顾颉刚日记》第2卷，1930年12月21日，第467页。
③ 童书业:《记赵君肖甫》，收入《童书业著作集》第7卷《精神病和心理卫生·集外集》，第398页。据赵贞信《封氏闻见记校证》"自序"，呈送给戴季陶的文章是1930年写的《精校封氏闻见序》，此文收录于《封氏闻见记校证》的"序录"。
④ 顾廷龙:《顾廷龙日记》，1932年10月10日，中华书局，2022，第3页。《顾廷龙日记》载"与颉刚夫妇、自珍及赵肖甫同游故宫"，《顾颉刚日记》则曰"到故宫博物院游览，遇肖甫及起潜叔"(《顾颉刚日记》第2卷，1932年10月10日，第697页)，可知原本是顾廷龙与赵贞信同行，在故宫偶遇顾颉刚一家。
⑤ 顾廷龙:《顾廷龙日记》，1932年11月25日，第14页。赵贞信对看电影很有兴趣，还多次请顾颉刚一家观影。

对联,曰"奚必多能为世重,惟求无愧此心安"[1]。顾廷龙早年亦曾研读甲骨,这幅书法文字结构严谨、古意盎然,显然是用心之作,堪称其早年精品。1939年7月13日,顾廷龙离开北平南赴上海,前往车站为之送行者只有三人,其中一人就是赵贞信。[2]

这一时期,赵贞信也认识了在燕大工作的容庚、陈垣等著名学者。赵贞信曾去容庚家中拜访,[3]容庚也有墨宝赠送给他。[4]而赵贞信能够于1934年8月至1935年7月担任辅仁女中专任教员,[5]显然是受到了陈垣的赏识。这也是赵贞信第一份全职的"正式工作"。抗战期间,赵贞信曾在中国大学做兼任讲师约两年时间,月薪二十四元,[6]这应当也与顾颉刚的引荐有关。卢沟桥事变后,顾颉刚深感一旦北平陷落,自己将很有可能被日本人拘捕,因此匆匆离开北平。在离平之前,他亲自到中国大学国文系主任孙蜀丞处介绍赵贞信,并给赵贞信写了一封介绍信。[7]

在本书的第一章中,提到过顾颉刚在1932年日记之末附有一份各学科研究者的名单,这是一份颇能反映顾颉刚"私

---

[1] 方继孝:《旧墨三记:世纪学人的墨迹与往事》,北京图书馆出版社,2007,第209页。
[2] 顾廷龙:《顾廷龙日记》,1939年7月13日,第31页。
[3] 容庚:《容庚日记》,1933年7月10日,中华书局,2019,第320页。
[4] 方继孝:《旧墨三记:世纪学人的墨迹与往事》,第89~90页。
[5] 参见赵贞信《私立北平辅仁大学校人事登记表》,北京师范大学藏私立辅仁大学档案,档案号:6.2-0129-0001。
[6] 参见赵贞信《私立北平辅仁大学校人事登记表》,北京师范大学藏私立辅仁大学档案,档案号:6.2-0129-0001。
[7] 《顾颉刚日记》第3卷,1937年7月17日,第666页。

心"的名单。在许多地方,顾颉刚偏爱的弟子都占据了与当时的成就并不相符的位置,而正是这种矛盾性,体现出顾颉刚内心的倾向。赵贞信正是其中一例。在名单中,赵贞信出现在"论语""汉书"两栏。①此时赵贞信正在编《论语辨》,此后也有关于《论语》成书问题的一系列重要文章,因此将之列入"论语"一栏并无问题。但"汉书"栏所列三人之中,赵贞信位于杨树达、钱穆之后,就让人难以理解了。赵贞信无论在此前还是此后都没有研究《汉书》或两汉史的论著发表,与《汉代婚丧礼俗考》《汉书窥管》的作者杨树达及《刘向歆父子年谱》《两汉经学今古文平议》的作者钱穆绝无并驾齐驱的理由。赵贞信读书治学有广博的特点,本不拘于一时一代,或许确于《汉书》和两汉史颇有根柢,但终究没有相关成果问世。顾颉刚于此处尽力拔高赵贞信,不得不说主要是由于偏爱。

作为顾颉刚的弟子与助手,赵贞信对顾颉刚也助益良多,除了参与编纂校订《崔东壁遗书》,顾颉刚挂怀十多年而未能完成的"辨伪丛刊"也正是在赵贞信的帮助下才得以编成。②除顾颉刚之外,赵贞信可算是"辨伪丛刊"的第二功臣,以一己之力完成了《论语辨》《欧阳修考辨古籍语》《叶适考辨古籍语》《袁枚考辨古籍语》《崔述考辨古籍语》《俞樾考辨古籍语》六种。至于赵贞信在北平研究院史学研究会和禹贡学会的工作,本就是职责所在,自不待言。

此外,赵贞信还承担了为顾颉刚抄写文稿、整理文集的

---

① 《顾颉刚日记》第 2 卷,1936 年末,第 727~728 页。
② 《顾颉刚日记》第 3 卷,1934 年 7 月 6 日,第 208 页。

第五章　援庵麾下疑古派

工作。这项工作原本多由顾颉刚的第二任夫人殷履安承担，后来顾颉刚之女顾自珍也做过一些。卢沟桥事变后，顾颉刚仓促离开北平，藏书与文稿多未能带走。赵贞信留居北平，能够接触到顾颉刚的旧稿，在沦陷区恶劣的条件下为顾颉刚搜罗抄录旧作，一共整理了二百余篇，并将文稿寄送当时客居重庆的顾颉刚。[①]顾颉刚常常将这些文稿拿出来翻看，是其抗战期间的精神慰藉。搜罗旧稿、整理文集的工作十分烦琐费神，且是为他人作嫁衣裳，顾颉刚先后请托多位弟子操办，均无所成。只有赵贞信和吴受之二人尽心为之，有所成就，可谓尽到了为弟子者的心意。

顾颉刚素以爱才著称，尤其愿意不拘一格地提携青年学子，因此在20世纪20年代后期到抗战前，顾颉刚身边聚集了一批门生弟子。顾颉刚对弟子们诚心以待，在学术上因材施教，但从不以学阀作风左右学生的学术兴趣和观点见解；在生活和经济上尽力照拂，但并不借此强求回报，还创办若干学术刊物，给青年学子提供发表文章的平台。顾门师生间形成了颇具特色的紧密关系。[②]即使是在此背景下，赵贞信与顾颉刚之间的关系也尤显亲密，极有特点。

第一，赵贞信与顾颉刚长谈的次数很多，经常谈至深夜。顾颉刚虽然关爱晚辈学生，但如此频繁的"长谈"，也不多见。1931年10月前，赵贞信居于顾颉刚家中，《顾颉刚日记》中似乎没有特别记录二人交谈的情况。而1932年

---

① 《顾颉刚日记》第5卷，1946年12月31日，第765页。
② 参看王学典主撰《顾颉刚和他的弟子们（增订本）》，第53~80页。

125

至 1937 年，二人长谈多次见于《日记》：

> 肖甫来谈至十一点，雨大，留之宿。（1932 年 7 月 4 日）
> 到肖甫处谈话，九时归。（1932 年 8 月 28 日）
> 肖甫来，十一时许眠。（1932 年 9 月 6 日）
> 与肖甫谈，至十一点。（1932 年 9 月 13 日）
> 肖甫来谈，十时别去。（1932 年 10 月 24 日）
> 与叔、肖甫谈至十时许。（1932 年 10 月 26 日）
> 肖甫来长谈。（1933 年 2 月 18 日）
> 肖甫来，留饭，长谈。（1933 年 3 月 12 日）
> 肖甫来长谈。（1933 年 5 月 14 日）
> 邀赵肖甫来，谈至十时半。（1933 年 5 月 20 日）
> 肖甫来，留饭，谈至九时许。（1933 年 5 月 23 日）
> 邀赵肖甫来午饭，饭后看照片，谈甚久。（1933 年 5 月 28 日，端午）
> 肖甫来谈，留饭及宿。（1933 年 6 月 11 日）
> 肖甫来，留食宿。（1933 年 6 月 24 日）
> 到闻宅赴宴，与肖甫同归谈，留以中宿，失眠，服药。（1933 年 10 月 28 日）
> 肖甫来，留饭，谈至十时去。（1933 年 11 月 26 日）
> 肖甫来，送《〈书序辨〉序》稿，留饭，谈至九时去。（1934 年 1 月 27 日）
> 肖甫来，留饭，谈至九时去。（1934 年 4 月 4 日）
> 赵肖甫来，长谈。（1934 年 7 月 30 日）

第五章　援庵麾下疑古派

　　肖甫来长谈……抄肖甫《论语辨》序……将序送与肖甫看,谈至十时归。(1935年1月1日)

　　肖甫来,谈至十一时别。(1935年7月1日)

　　到东来顺吃饭,八时许归。肖甫来,谈至十一时别去。(1935年12月29日)

　　与肖甫谈至十二点,失眠,饮酒。(1936年10月25日)

　　与肖甫谈至十时。(1936年12月13日)

　　肖甫以青仑事来,谈甚久。(1937年2月17日)

　　肖甫来长谈。(1937年3月10日)

　　肖甫谈话至十时半始去,予因以失眠。(1937年3月29日)①

　　顾、赵长谈,多半是赵贞信拜访顾颉刚,但也有数次是顾颉刚主动找赵贞信或邀赵贞信前来交谈,可见此时二人志同道合,彼此之间有说不完的话。在与赵贞信的聊天中,顾颉刚常常有所得,还将赵贞信的一些提醒引以为鉴。②

　　第二,赵贞信介入顾颉刚私人生活的深度,是其他任何弟子都不曾有过的。童书业虽然也曾居于顾颉刚家中数年,但其治学成痴,不问俗事,参与顾颉刚私事的程度并不深。赵贞信与顾颉刚家人及亲戚交好,多次与顾家人一起看戏观影。《顾颉刚日记》载:

---

①《顾颉刚日记》第2卷,第658、680、683、686、702、703页;第3卷,第16、23、44、47、48、50、57、61、103、115、154、175、217、292、369、424、547、571、602、617、624页。

②《顾颉刚日记》第3卷,1934年1月27日,第154页。

治史与取径：陈垣、顾颉刚学术散论

> 与履安、自珍、起潜叔、肖甫到校看《续故都春梦》电影。（1932 年 11 月 25 日）
> 肖甫邀我全家到大礼堂看电影《角声钗影》。（1933 年 10 月 13 日）
> 与履安、肖甫同到大礼堂看戏。（1933 年 12 月 27 日）
> 与父大人、履安、肖甫同到庆乐看戏。（1936 年 12 月 15 日）①

1933 年的端午节，赵贞信与顾家人一起过节：

> 邀赵肖甫来午饭，饭后看照片，谈甚久。（1933 年 5 月 28 日，端午）②

1937 年的除夕夜，赵贞信在顾家吃年夜饭。这也是顾颉刚与其父顾柏年一起过的最后一个大年夜：

> 祭先祖，留肖甫饭。（1937 年 2 月 10 日，除夕）③

1933 年 7 月 7 日顾颉刚携夫人回苏州探亲，8 月 31 日返回北平。在顾颉刚离家前后约两个月的时间里，赵贞信再次住进顾家：

---

① 《顾颉刚日记》第 2 卷，第 713 页；第 3 卷，第 97、127、572 页。
② 《顾颉刚日记》第 3 卷，第 50 页。
③ 《顾颉刚日记》第 3 卷，第 50 页。

第五章　援庵麾下疑古派

  肖甫住我家已两月，今日迁至三松堂。（1933年9月10日）[1]

  顾颉刚家中无人之际让赵贞信居住，可见其对赵贞信的信任；更令人惊异的是，赵贞信还充当了顾颉刚私人医生的角色，自其到北平之后，就常常为顾颉刚及其夫人殷履安把脉和诊病：

  履安多病，近日又以多食至腹痛，肖甫诊之，谓有瘕疾，居乡不易就医，为之闷损。（1931年1月28日）
  为心脏有异状，到肖甫处嘱其诊脉，据谓脉尚不坏。彼谓我体质金阳刚，与夏震武之脉象甚相似。（1932年9月26日）
  肖甫谓余脉象刚劲如武将。（1932年10月1日）
  肖甫又谓予脉之刚，谓若在洪杨之际，将似罗泽南等之以文人握兵柄。（1932年10月26日）
  肖甫来，诊脉，开一方。（1933年1月16日）
  肖甫来，诊脉，复开一方。（1933年1月18日）
  热度甚高，请肖甫诊治，服药两次。（1933年8月31日）
  予左股上部自上车日起一块，初以为屈筋耳，今尚不消，且微痛。询之肖甫，谓系横痃，颇剧，当内外兼治。（1933年9月3日）

---

[1]《顾颉刚日记》第3卷，第86页。

腿部大痛，且左股之块肖甫谓是横痃，此症甚剧，必当清理，明日只得卧床矣。（1933年9月4日）

今日起由肖甫开方，内外兼治。子龙丸是专治横痃的，服了连连泄泻。（1933年9月5日）

今日早上醒来，腰痛如断，贴百效膏三枚。肖甫谓是体虚所致。（1933年9月8日）

腿部足部大愈，夜中遂未涂药。卧床几一星期矣，明日可起。（1933年9月10日）

肖甫来，留饭，请其诊脉开方。近日觉身体大不佳，眼红，每晨醒来目为泚封，倦怠无力，头晕。请肖甫诊脉，谓湿热太重，病郁积已数月，亟须清理，否则一月之后发出，将为伤寒。因开方，嘱四服。（1934年6月27日）

肖甫近日为予诊脉，谓脉虽软，正脉已现。（1934年6月29日）

请肖甫开方……肖甫谓予脉甚软，与前大异，嘱予休息。然予安有此福分乎！甫谓予蕴藏湿热甚重。（1935年8月17日）

肖甫来诊。今日热未退尽，下午又高，至102度。（1937年7月1日）

肖甫来诊。（1937年7月3日）

肖甫来诊。（1937年7月6日）

再请肖甫为予按脉。（1937年7月10日）[①]

[①] 《顾颉刚日记》第2卷，第488、692、693、703页；第3卷，第5、6、83~86、203、379、661~663页。

第五章 援庵麾下疑古派

　　1931年至1937年间，顾颉刚在罹患一些颇为严重的疾病和私密之病时，常请赵贞信按脉开方。赵贞信在何时因何机缘学会诊脉医病，已无从考证。但从他曾给夏震武诊脉看，应当是在师从夏震武读书前就已通医术。如果不是运气极佳，大概赵贞信的医术是有些水平的，他判断顾颉刚与夏震武脉象相似，夏震武寿至八十六，顾颉刚寿至八十七；面对横痃恶疾，也能药到病除。① 至于通过脉象判断顾颉刚类似文人掌兵之罗泽南，则不免有附会和恭维之嫌。

　　第三，在顾颉刚门下，乃至于任何师生关系中，像赵贞信那样直接剖析其师性格特点和弱点并直言劝谏的做法，都是极其罕见的。赵贞信素来不向顾颉刚讳言外界对他的非议，他与顾颉刚相识不久时，就曾直言他的另一位老师夏震武对顾颉刚的评价："想不到世界上竟有如此妄人。"② 顾颉刚不善讲课，赵贞信也当面转述北大女学生之言："顾某学问太高，编的讲义太深，我们看不懂。"③

　　1943年5月，殷履安病故，顾颉刚在情感上受到极大的冲击。在这一生活剧变的阶段，身处重庆的顾颉刚与身处

---

① 《外科正宗》卷三《鱼口便毒论》曰："夫鱼便者，左为鱼口，右为便毒，总皆精血交错，生于两胯合缝之间结肿是也。近之生于小腹之下阴毛之傍结肿，名曰横痃，又名外疝是也……男子横痃肿痛坚硬，二便涩滞，以九龙丹一服通利大便，肿痛稍减。间日又用一服，二便通利而消。"[（明）陈实功：《外科正宗》，张印生、韩学杰点校，中医古籍出版社，1999，第180~181页] 赵贞信诊治顾颉刚之横痃，即用此法。所开"子龙丸"，疑即"九龙丹"，皆为泻药。
② 《顾颉刚日记》第2卷，1931年2月27日，第500页。
③ 《顾颉刚日记》第2卷，1932年12月8日，第717页。实则顾颉刚在燕京大学上课时所用的《春秋史讲义》以通俗易懂著称，所谓北大女生之言，也未必有代表性。

131

治史与取径：陈垣、顾颉刚学术散论

成都的赵贞信进行了频繁的通信。① 可以想见，这是顾颉刚在寻求亲友的慰藉。或许是为了让顾颉刚振奋起来，赵贞信在1943年8月22日、29日连续写了两封长信给顾颉刚，直指顾颉刚"失败之原因"，毫无避讳地剖析了顾颉刚为人处世的特点与得失，节录于下：

> 吾师失败之原因由于无干部，此人人皆知之，皆能言之，吾师已知之矣。吾师之所以无干部，亦人人皆知之，皆能言之，吾师亦知之乎？生自民十八到粤后，闻中大同人对于吾师及傅先生之评论，以为论居心之忠厚当推吾师，若任人之适当则吾师不如傅先生，以吾师每行煦煦之仁而傅先生则断制严厉而赏罚分明也……生尝谓吾师无傅先生、洪先生及援庵先生诸人之短（彼数人皆量小，有私，好专），然亦无诸人之长。无诸人之短，故规模弘大，万人慕悦；无诸人之长，故用人不长，不能成事。大抵吾师之长，在于气量大，处心公，而其短则在于理智不能胜过感情。故感情极易冲动，使所行之事未能恰当，被用之人无法对付……吾师之谦虚其外，倔强于中，恣情任性，直意孤行，致多方树敌，亲近解体……且吾师好大喜功之性情，今与昔同，故每立

---

① 仅《顾颉刚日记》中记载的，殷履安去世后的四个月内，顾颉刚给赵贞信写的信就有6封，赵贞信给顾颉刚的信无从统计，但其信中也怀念了殷履安的贤德（《顾颉刚日记》第5卷，1943年6月19日，第92页），并劝慰顾颉刚明年的运势将有所好转（《顾颉刚日记》第5卷，1943年7月31日，第123页）。

第五章 援庵麾下疑古派

一业、创一事，必有一张许多人之名单，必有一个大而难成之计划。识者每讥此名单为乌合之众，此计划为空头支票，言固近于刻薄，然事则实未尝不如此……任人之道，量材任使，此常道也。而吾师每爱小材大用，常材奇用，陷人于竭蹶之地。此季龙云吾师视人人皆为顾先生，而侯仁之兄之不敢应吾师之招也。既用之矣，则当如其才而致之禄，而吾师每喜将少数之钱分与多数人，致季龙有吾师用人常使人处于吃不饱饿不死之地之言也。任人必专，此亦常道也，而吾师则每使一人管数事，而一事又每使数人同管之，于是职既不专，权又不清，事斯败矣……且吾师于爱之时，则任之必过；及其衰也，又恨之极甚，此非惑欤！（1943年8月22日赵贞信来书）

迹吾师生平，颇受书生气之累。其得罪人处，亦颇多意气用事，总由烛理未明，察势不审，而感情难自抑制，遂多未得恰当。机权二字，吾师远不及冯芝生、傅孟真诸先生，况乎他人？倘欲做事，且为接近政界之事，若用书生手段，必落人后……盖吾师忠厚有余，机权不足，此实天资使然，其善于各方敷应则由于更事多耳，不可以此为长而好用之也。

吾师处事之方法，二十年来无大变更。其长处固已搏得大名盛誉矣。其宜于昔而不宜于今日者，吾师亦尚仍旧贯，致颇致非议。盖今日之吾师，名已极盛，位亦甚尊，人人想见实在可副此盛名高位之成绩，而不幸吾

治史与取径：陈垣、顾颉刚学术散论

师仍在在以虚应之，致在在失人所望。此实为一最可惜之事，实亦使我人最难于对答人问之事。试看傅、冯、钱、叶诸先生之成绩如何，而叶绍钧先生之从事中等教育者，其成绩功业亦大可钦敬，而吾师之事则大率十做九不成。"苟为不熟，不如荑稗"，吾师幸勿以纷纷之訾为异，非无由也！非无由也！然亦生辈忝辱师门者，与有责也，言之慄然。（1943年8月29日赵贞信来书）[1]

8月22日的信中，赵贞信直指顾颉刚任人不明、用人不当。客观地讲，赵贞信所说的这些问题顾颉刚确实都有。顾颉刚识人甚宽，但凡对略有长处的青年，都愿意提携举荐；然用人甚严，以要求自己的标准要求别人，导致手下之人不堪重负。如谭其骧这样天资极高且相当勤奋的人，在顾颉刚眼中也是"不能用苦功"[2]，确实太过严苛。但纵然所言都是事实，以常理衡量，信中言辞也是过于激烈了。"好大喜功"之说，顾颉刚虽常用以自嘲，但也是其自二十多岁到临终时始终坚持的理念，被学生郑重其事地拿出来批评，可谓直戳痛处；被赵贞信拿来做对比、认为在用人方面胜过顾颉刚的傅斯年，与顾颉刚有旧怨；谭其骧、侯仁之的离去，也是顾颉刚深以为痛的事情；至于"每喜将少数之钱分与多数人""常使人处于吃不饱饿不死之地"，原本是顾颉刚多方张罗、尽可能让更多有志于学的青年有条谋生之道的良苦用心，结果竟

---

[1] 《顾颉刚书信集》卷3，第202~204页。
[2] 《顾颉刚日记》第2卷，1932年12月9日，第718页。

成为顾门弟子离他远去的理由；而"谦虚其外，倔强于中，恣情任性，直意孤行，致多方树敌，亲近解体"之言，已近乎檄文。换个角度看，如果没有顾颉刚的这些"毛病"，赵贞信也就没有了进入学术研究领域的机会，更不可能以"无学历"的出身在诸多研究机构和大学中任职；在顾颉刚重用的"常材"中，赵贞信差不多就是最主要的一个；而顾颉刚所列的被讥为"乌合之众"的名单里，多数也有赵贞信的名字。

8月29日的信中，赵贞信主要批评顾颉刚近年来名声大而成绩少，有名不副实之嫌，这也是事实。但赵贞信与顾颉刚交往最密切的1931~1937年，实际是顾颉刚一生中状态最好、成果最多的几年，赵贞信以这一阶段的状态要求抗战期间生活颠沛、身体不佳的顾颉刚，未免有些苛责了。而批评顾颉刚做事"十做九不成"，更是过于夸张。赵贞信力劝顾颉刚不要接近政界，认为书生从政恐无善果，虽未明言其所指，但很有可能是针对此年顾颉刚因"献九鼎铭"事件而造成严重名誉危机一事所发的议论。①

---

① 1943年1月，中国与英、美等国签订平等新约，废除不平等条约。时任国民党中央组织部部长朱家骅牵头操办，欲为蒋介石献九鼎以歌功颂德。朱家骅曾主持广州中山大学校务，力主将顾颉刚引进中山大学，顾颉刚对朱家骅极为尊重。朱家骅从政后，也是顾颉刚进入政界的领路人。1943年1月底，应朱家骅的要求，顾颉刚让学生刘起釪拟定九鼎铭文初稿，自己进行修改。在赵贞信致信顾颉刚的1943年8月，献九鼎之事尚在操持中，社会上已有流言。是年11月初，献九鼎之事被正式公之于众，顾颉刚署名的九鼎铭文也随之公布，学林哗然。附会大禹"九鼎"之事不仅有违顾颉刚的疑古思想，公然献媚蒋介石更是令人齿冷。顾颉刚本人也说："此文发表后，激起多方面的批评，使予自惭。"（《顾颉刚日记》第5卷，1943年1月28日，第18页。这句话应当是事后所加）此事在新中国成立后更成为顾颉刚的一大历史污点。

治史与取径：陈垣、顾颉刚学术散论

总体上看，赵贞信对顾颉刚的了解极其深入，对顾颉刚的评价与批评都不是无中生有，基本切中要害。若非至亲至信之人，无从对顾颉刚的性格有如此切要的剖析。顾颉刚自然也知道赵贞信所说的都是肺腑之言，对这两封言辞激烈、似乎已远远超出师生规矩的信件并不以为忤，而是很郑重地将这两份长信抄入日记，[①] 这也是两份信件得以保存的原因。在信件之后，顾颉刚写道："良友之言，当铭座右，望此后生活得上轨道，事业可以有成，以慰古人之劝，以塞众人之望。"在给赵贞信的回信中，顾颉刚也表示"拟自十月后住定一处，收其放心，复我旧业"。[②] 赵贞信的这两封信，虽然充满了近乎严苛的剖析与批评，言辞也极为激烈，但并未对顾、赵的师生关系造成多少负面影响。

第四，赵、顾之间的关系曾大起大落，顾颉刚数次动念与赵贞信绝交，但不久后即归于和好。

顾颉刚第一次与赵贞信绝交，与其夫人殷履安有关。前文已言，赵贞信与顾颉刚家人也有往来。1932年1月，顾颉刚南下探亲，抵达杭州之日发生了上海"一·二八"事变，与北平的交通通信断绝。赵贞信往来顾家，写信给顾颉刚通报其夫人的状况，[③] 故赵贞信与殷履安亦有来往。

1935年12月9日，殷履安到赵贞信处，赵贞信对之谈及顾颉刚出版《古史辨》、办《禹贡》杂志等事，认为顾颉刚未赚到钱，反而耽误做学问。顾颉刚颇为不快，认为赵只专

[①] 《顾颉刚日记》第5卷，1943年9月7日，第151页。
[②] 《顾颉刚书信集》卷3，第200页。
[③] 《顾颉刚日记》第2卷，1932年3月4日，第616页。

第五章　援庵麾下疑古派

注个人名利，对自己的事业不理解。[①]不意赵贞信的这番话影响到了殷履安，殷氏在此后数日常常讥讽顾颉刚的事业，以致夫妇口角，更加剧了顾颉刚对赵贞信出言不慎的愤怒。[②]顾氏夫妇斗嘴数日，终至于对骂。顾颉刚在激愤之下，"写与肖甫绝交书"。[③]这封绝交书有没有送到赵贞信手中，已无从考证。但在一周之后，赵贞信拜访顾颉刚，二人再次长谈到夜间十一点，[④]矛盾就此暂时平息。此后，顾颉刚仍常与赵贞信"长谈"；1937年除夕，赵贞信还与顾家人一同过年。

顾、赵之间的第二次冲突也是因为赵贞信的"话多"。1937年3月底，赵贞信再次找顾颉刚"长谈"，到夜间十点半离开。夜间谈话造成顾颉刚精神紧张，导致失眠，因而十分愤怒：

> 肖甫这人真不识趣，每来一次即有讲不尽的话。而予以终日办事，精神紧张，夜饭后必须略作休息，方可睡眠。乃肖甫之话潮涌澜翻、滔滔不绝，遂使予之精神无法松懈，而不眠之疾遂重发矣。愤甚，书函责备之。[⑤]

顾颉刚去信"责备"或"申诫"弟子，本是常事。但不

[①]《顾颉刚日记》第3卷，1935年12月9日，第417页。
[②]《顾颉刚日记》第3卷，1935年12月16日，第420页。
[③]《顾颉刚日记》第3卷，1935年12月22日，第422页。
[④]《顾颉刚日记》第3卷，1935年12月29日，第424页。
[⑤]《顾颉刚日记》第3卷，1937年3月29日，第624页。笔者亦常受失眠之苦，晚饭后必平心静气休息一二小时方能入睡，如夜间有人来谈，则必精神亢奋，无法入眠，辗转难眠时也对来谈者颇怀"愤恨"。

知为何，数日后赵贞信竟致信殷履安。此举或许是想通过殷氏调和两人的师生矛盾，但顾颉刚认为赵贞信"致履安书竟挑拨我们夫妻感情，真岂有此理，去函斥责之。此人真收容不得"。① 次日，顾颉刚再次致信赵贞信，"勒逼其迁出禹贡学会，自己赁屋，仍作学会工作"。② 此后两个月，在《顾颉刚日记》中没有见到顾颉刚与赵贞信接触的记录。但赵贞信大概并未就此搬出禹贡学会，因为抗战期间他还住在禹贡学会，并把禹贡学会的空屋租给自己的好友丁锡田。③

两个月后，赵贞信再次前往顾颉刚家中。随后顾颉刚主动招请赵贞信与杨向奎、童书业一同吃饭。④ 二人的关系再次和解。此后顾颉刚生病，赵贞信仍为之诊病。不久后卢沟桥事变爆发，顾颉刚仓促离开北平。离开之前，将禹贡学会的产业托付给钱穆、张维华、赵贞信。⑤ 钱穆、张维华在顾颉刚走后不久也离开北平，禹贡学会实际上交到了赵贞信手中。禹贡学会系顾颉刚一手创立，有固定房产，可以说是顾颉刚极重要的学术资产。顾颉刚将之托付，可见此时他并未因为此前的龃龉而不信任赵贞信。赵贞信也并未辜负恩师的嘱托，在学会同人均奔赴后方的情况下，他坚守学会六年之

---

① 《顾颉刚日记》第3卷，1937年4月5日，第626~627页。
② 《顾颉刚日记》第3卷，1937年4月6日，第627页。此前赵贞信已经与禹贡学会的同人产生了一些冲突，顾颉刚已有让其搬离学会之意，见《顾颉刚日记》第3卷，1937年3月9日，第617页。
③ 孙福建：《潍县学人丁锡田》，《潍坊晚报》2018年8月12日。
④ 《顾颉刚日记》第3卷，1937年6月7日、6月24日，第651、659页。
⑤ 《顾颉刚日记》第3卷，1937年7月20日，第667页。

第五章 援庵麾下疑古派

久，到1943年才离开北平。[①]

顾、赵之间之所以能够屡次在激烈的冲突后重归于好，主要还是由于二人之间极其密切的关系（当然也不可否认，屡次冲突对这种密切关系也是一种消耗）。赵贞信之于顾颉刚，不仅是学生，已近乎家人，他自诩"生随吾师久，人人皆知生为吾师最信任之人"[②]，实非夸大之词。赵贞信深知顾颉刚，顾颉刚也深知赵贞信，所以二人纵然偶有龃龉，甚至经历激烈的矛盾，仍能以对方为自己最值得信赖与托付之人。

顾颉刚对赵贞信的缺点也是很清楚的。首先，赵贞信太爱说话，而且口无遮拦。因健谈导致顾颉刚失眠还只是其次，更麻烦的是性格孤傲且控制不住表达欲望的赵贞信与几乎所有共事者都很难相处。《顾颉刚日记》中对此多有记录：

> 肖甫来此，太喜说话，恐其进燕大图书馆后不减故态，致不安于位，故今夜劝诫之。（1931年3月9日）
> 肖甫出口兴戎，禹贡学会同人又尽是他的敌人了。因此，只得请他搬出。（1937年3月9日）[③]

此后顾颉刚遇到此类口无遮拦的人，总拿赵贞信作比：

> 次舟脾气太坏，无人不骂，以致齐大不予续聘……

[①] 参见赵贞信《私立北平辅仁大学校人事登记表》，北京师范大学藏私立辅仁大学档案，档案号：6.2-0129-0001。
[②] 《顾颉刚书信集》卷3，第202页。
[③] 《顾颉刚日记》第2卷，第505页；第3卷，第617页。

治史与取径：陈垣、顾颉刚学术散论

肖甫、丁山、英士同此性格，故遭遇之蹉跎相同也。（1941年7月14日）

涛川今日行矣。渠来此四、五月，平添许多口舌，盖渠太喜批评，遂激起人之恶感，正与肖甫之于禹贡学会也。（1945年12月13日）①

实则赵贞信之善谈，令童书业也甘拜下风：

肖甫善谈论，与余每见，辄谈至深夜。余固亦善谈者，然犹不敢不避下风焉。②

童书业与赵贞信有相似的经历：二人都无学历，因精熟典籍而被顾颉刚发现并赏识，才有机会进入学术研究的领域；二人在某种程度上都是顾颉刚的"私人"，都曾居于顾颉刚家中；二人在进入学界时都曾十分困顿，不为人所重；二人在人情世故上都比较笨拙，不善与人交往。因此童书业很理解赵贞信，他明白赵贞信在"朋侪有论及之者辄毁多于誉"背后呈现敏感狂傲之态的原因：

读书既多，学问弥博。而其倨傲不逊之性，亦与学俱进。燕都故多文学士，其学专一门者随处可遇，而肖甫自大其学，辄谓他人所为为不足观，以是遭众人之

---

① 《顾颉刚日记》第4卷，第708页；第5卷，第570页。
② 童书业：《记赵君肖甫》，收入《童书业著作集》第7卷《精神病和心理卫生·集外集》，第399页。

第五章　援庵麾下疑古派

忌，终致抑郁困穷，为世所弃。余与肖甫交三年，既深知其为人，重其才而悲其遇。于众人之环攻之也，常左右之。肖甫不知，视余如众人，余亦未之辨也。当世重学校之士，而肖甫未尝出身于学校；当世重资历，而肖甫出身佣书。其不为人所重视也固宜。肖甫疾人之轻之也，乃益轻人，其与众人不洽，固有由矣。惟余与肖甫同病，故能相怜。①

读完这段文字，再看赵贞信在辅仁大学人事登记表的"学历"一栏所书的"未入学校故无学历"八个大字，似乎别有一番意味。②可是，正是这位早年常常因言得祸的赵贞信，在1949年以后的历次运动中没有受到太大的冲击，能够以高龄善终；而似乎看得更透的童书业，在人生最后十几年里饱受政治运动的影响，时时挣扎在精神失常边缘，最终过早地凋零在时代洪流之中。

童书业这段话还指出了赵贞信治学的一大特点：不专一门。③这在某种程度上也是赵贞信未能如童书业那样成为一

---

① 童书业：《记赵君肖甫》，收入《童书业著作集》第7卷《精神病和心理卫生·集外集》，第398~399页。
② 民国期间在大学任教，最看重学历；纵然是成长于科举时代的学界耆宿，如果既非进士、举人，也无学历，仍不免尴尬。陈垣就曾说过："廿年前我最怕填履历至出身一项，但捱到现在，则老起面皮，竟直对此项不写，表示非学校出身也。"（见1946年4月27日陈垣致陈乐素函，《陈垣全集》第23册，第869页）
③ 20世纪50年代初，赵贞信填写《私立北平辅仁大学校人事登记表》时，"特长"一栏写的是十分泛泛的"国故之学"。而白寿彝所填的是"回族史"，赵光贤所填的是"古史及明末清初史事"。

141

代学术大家的原因。学问广博，固然是极其宝贵的品质，但治学贵有创见，不集中精力深研一个领域，则很难做出超越前人的成果。因此，治学广博者如无专精之方向，往往大而无当、博而无成。赵贞信就是广博型的学者，他一生治学的领域，从先秦古史到明清史，有文献考辨、有地理考证、有古籍校证。但他并非智力奇绝之人，并不能兼顾广博与精深。纵然聪慧刻苦如童书业，也并非以博学成名，而是以古史研究闻世。只是在他功成名就之后，人们才关注到他在其他诸多领域的成绩，感叹其学识渊博。赵贞信自20世纪30年代初治学领域就不固定，精力相当分散，这严重限制了他的学术创造力。顾颉刚评价赵贞信"好自用而颇不慧，亦非大器"[1]，某种程度上正是不幸言中了。

卢沟桥事变后，顾颉刚于7月21日仓促离开北平，赵贞信前往送行。[2]1937年至1943年，赵贞信留在北平，处理禹贡学会事务。1939年8月至1941年6月，赵贞信在中国大学做兼任讲师，月薪二十四元。[3]

1941年6月，赵贞信结束了在中国大学的兼课。此后近两年，除了在禹贡学会留守，他没有其他工作。到1943年3月，大概是因为北平沦陷区形势过于恶劣，已难以支持，他决意卸下禹贡学会的工作，离开北平。当月，他致信顾颉刚的老友、上海开明书店的王伯祥，信件内容已无从确

---

[1] 《顾颉刚日记》第2卷，1932年6月16日，第650页。
[2] 《顾颉刚日记》第3卷，1937年7月21日，第668页。
[3] 赵贞信：《私立北平辅仁大学校人事登记表》，北京师范大学藏私立辅仁大学档案，档案号：6.2-0129-0001。

第五章 援庵麾下疑古派

知，推测可能与求职有关，但被王伯祥婉拒。①离开北平后，赵贞信前往四川大后方。1943年8月，他开始在成都光华附中任教，薪资二百四十元。但他在光华附中工作的时间很短，至1944年1月即离职，只有一个学期。因为在1943年10月，赵贞信又得到了四川大学专任讲师的岗位，薪资三百三十元。1945年5月，他获得国民政府教育部铨定的讲师职称。②赵贞信在川大期间，顾颉刚于1944年11月从重庆到成都，次年1月底离开，时隔七年，师生二人又一次同处一城。短短两月间，《顾颉刚日记》中记录的两人见面次数就有八次，平均下来约每周一次。

抗战期间，顾、赵师生虽然时常远隔，但二人一直保持通信。尤其是在赵贞信身处北平沦陷区的六年间，虽然条件十分不便，但顾、赵之间的信件往来仍然算是相对频繁的。顾颉刚了解北平沦陷区学界情况，很多都是通过赵贞信的来信；顾颉刚留在北平的若干手稿、论著、书籍等，也由赵贞信邮寄。赵贞信亦密切关注顾颉刚的动态。顾颉刚在齐鲁大学期间，与其在燕大时的弟子张维华决裂，赵贞信在北平也获悉消息，并致信告知顾颉刚北平学界对此事的议论。③

20世纪30年代到40年代中期，在顾颉刚心中，赵贞信与童书业一直是自己最可信赖、最为得力的两大弟子。只

---

① 张廷银、刘应梅整理《王伯祥日记》第7册，1943年3月15日，中华书局，2020，第3404页。
② 赵贞信：《私立北平辅仁大学校人事登记表》，北京师范大学藏私立辅仁大学档案，档案号：6.2-0129-0001。
③ 《顾颉刚日记》第4卷，1941年10月16日，第594页。

治史与取径：陈垣、顾颉刚学术散论

有要机会，顾颉刚首先想到的就是这两人。1939年9月，顾颉刚任齐鲁大学国学研究所主任，随即又一次进行了"列名单"的工作。他拟定了一个庞大的"名誉研究员"队伍，其中拟聘的古史研究者四人分别是蒙文通、丁山、童书业、赵贞信。①蒙文通与丁山成名甚早，与顾颉刚是同辈学人；而在顾颉刚诸多从事古史研究的弟子中，只有童书业和赵贞信进入了这个名单。此名单后来还公开在《齐鲁大学校刊》上公布。②

1945年10月，顾颉刚经丁君匋介绍，与大东书局副经理骆无涯取得联系，与之商议标点"二十六史"及编印中国通史的计划，双方一拍即合。顾颉刚索要整理费三百万元，决议"此事若成，予绝不作他事矣"，"如得请，便当邀肖甫、丕绳来，共为之"。③顾颉刚在遇到可能可以托付全部精力的终身事业时，首先想到的还是请赵贞信、童书业前来合作。可惜大东书局总经理陶百川对此计划不感兴趣，此事遂作罢。

抗战胜利后的数年，赵贞信常居北京，顾颉刚常居上海，二人仍然通信不断。1949年8月底，为大中国书局和禹贡学会之事，顾颉刚离沪抵京，在京半月余，9月16日离开。据《日记》，其间顾颉刚与赵贞信见面至少5次。但此后二人通信的次数明显减少，师生关系越发疏离。

---

① 顾颉刚：《齐鲁大学国学研究所名誉研究员》，收入《宝树园文存》卷2，第256页。
② 顾颉刚：《国学研究所加聘名誉研究员》，《齐鲁大学校刊》第2期，1940年。
③ 《顾颉刚日记》第5卷，1945年10月12日，第540页。

第五章　援庵麾下疑古派

1954年，应科学院之请，顾颉刚赴京担任科学院历史研究第一所一级研究员。在前往北京之前，顾颉刚在日记中写下了对赵贞信非常严厉的批评："予一手培植而得社会地位，曩时见予有些力量，趋奉惟恐不至，解放后见予与新政府无关系，即投井下石。"[①] 时隔近二十年，顾、赵师生重得机缘共居一城，而二人的关系已告破裂。虽未到不相往来的地步，但也是芥蒂深重，多年前彼此几无保留的信任已不复存在了。

此后二人之间的往来，主要是因为他们共同完成的"古籍考辨丛刊"（即此前的"辨伪丛刊"）重新出版。除此之外，二人基本不再见面，通信也很少。据《顾颉刚日记》的记载，顾颉刚与赵贞信最后一次见面是1956年9月，此时顾颉刚在青岛疗养，恰逢赵贞信也在青岛，童书业就请顾颉刚和赵贞信一起吃晚饭。[②] 原本亲密无间的三人此时心境早已不同：数年前童书业迫于政治压力写了激烈批判"古史辨派"的文章[③]，顾颉刚与赵贞信的关系也已十分疏远。好在顾颉刚深知童书业的性情，并未因童书业写批判文章而怨怪他，让一段师生佳话得以延续。顾、赵之间，却并未因为这次在青岛的不期之遇而改善关系，此后似乎就再无往来了。

《顾颉刚日记》中最后一次出现赵贞信，是1962年6月8日。[④] 这天顾颉刚去配假牙，待诊时看了赵贞信的旧文

---

① 《顾颉刚日记》第7卷，1954年4月30日，第536页。
② 《顾颉刚日记》第8卷，1956年9月9日，第115页。
③ 童书业：《"古史辨派"的阶级本质》，《文史哲》1952年第2期。
④ 《顾颉刚日记》第9卷，1962年6月8日，第683页。

治史与取径：陈垣、顾颉刚学术散论

《〈论语·尧曰章〉作于墨者考》。[①]就在顾颉刚重读这篇文章后不久，赵贞信人生中最后一篇公开发表的学术论文在《北京师范大学学报》刊登出来，题目恰好是《〈论语·尧曰章〉来源的推测》。[②]

那么，顾颉刚与赵贞信之间原本亲密无间的师生关系，究竟是因为什么而破裂的呢？前面提到的赵贞信过于"善谈"以致影响顾颉刚休息，介入顾颉刚私人生活过深以致影响其夫妻关系，不善处理人际关系以致总与同事反目等，都在不同程度上影响了顾颉刚对赵贞信的看法，却都不是造成二人关系破裂的根本原因。赵贞信的这些问题早已有之，但1943年顾、赵之间仍有推心置腹的长信往来，1945年顾颉刚在遇到潜在的终身事业机遇时仍首选赵贞信前来参与，这些都说明造成顾、赵之间关系破裂的原因应当出现在此后。笔者分析，顾颉刚与赵贞信关系疏远的原因主要有两个。

第一，赵贞信屡次对外人臧否顾颉刚。

顾颉刚在1948年写给夫人张静秋的一封信中提到："昨天接井成泉信，告我赵肖甫在北平，逢人就诋我，其中有一段，说胡适之先生批评我为人太傲，徐旭生先生批评我太好大喜功。"顾颉刚对胡适和徐旭生的批评并不介意，但对赵肖甫将"好大喜功"等评语四处散布相当愤怒。信中说："肖甫为人，依附草木而生存，我现在无力喂他，他就倒戈了，

[①] 赵贞信:《〈论语·尧曰〉章作于墨者考》,《中德学志》第5卷第12期, 1943年。

[②] 赵贞信:《〈论语·尧曰章〉来源的推测》,《北京师范大学学报》1962年第3期。

这才是小人面目。等到数十年之后，这种人已成灰尘，再有人理他吗！"①不久后，顾颉刚再次在日记中评价赵贞信道："在未得地位时以予为工具，殷勤进谒，求满其欲，一旦奋飞，转而反噬。"②

两个月后，顾颉刚在日记中写道："蒋大沂说话刻薄，使丕绳大为难堪，不安于位，盖介泉、肖甫之流亚也。"③已将赵贞信与潘家洵并列。潘家洵是顾颉刚早年至交，二人曾同住十年。潘也曾是顾最信任的人，二人常常长谈至深夜。顾、潘断交，按照顾颉刚的说法，主要是因为潘常常在外人面前臧否自己。④顾颉刚不介意密友面折，但无法容忍密友在外人面前说自己的坏话。顾颉刚将赵、潘并列，大抵在他心中，二人犯了同样的错误。

1931~1946年间，赵贞信是最受顾颉刚信任的弟子之一，也是了解顾颉刚最深的人之一。他直接对顾颉刚提出直率甚至激烈的批评，顾颉刚不仅不觉得冒犯，反而视之为座右铭，最多是事后觉得有些委屈。但同样的话对外人说起，性质就完全不同了。在外人看来，这是顾颉刚最亲密的入室弟子直接批评自己的老师，是顾颉刚的重大失败；在顾颉刚看来，这是赵贞信辜负了自己多年对他毫无保留的信任，是对自己莫大的羞辱。其实，顾颉刚对赵贞信的批评并不完全符合事实。赵贞信一直不得志，并不存在功成名就后就不把

---

① 1948年9月24日《致张静秋信》,《顾颉刚书信集》卷5，第269页。
② 《顾颉刚日记》第6卷，1948年11月30日，第382页。
③ 《顾颉刚日记》第6卷，1949年1月22日，第408页。
④ 《顾颉刚日记》第2卷，1927年3月31日，第32页。

治史与取径：陈垣、顾颉刚学术散论

老师放在眼里的情况；抗战期间顾颉刚自顾不暇，赵贞信在困顿中还为老师搜罗整理文集，并非势利之人；新中国成立后的一系列运动中，顾颉刚固然被边缘化了，赵贞信跟随大趋势口头批评或许有之，批判文章是从未写过的，他连批判胡适的文章都没写[①]，遑论撰文批评顾颉刚！透过顾颉刚激愤之下对赵贞信不大合乎实际的批评，也可以看到他深觉自己被背叛的伤心与落寞。

第二，导致顾、赵最终决裂的导火索，是对禹贡学会的处置问题。

前文已提到，卢沟桥事变后，顾颉刚离开北平前实际将禹贡学会的资产托付给赵贞信照看。赵贞信留守学会六年，直到1943年离开北平。此后禹贡学会由吴丰培照看。抗战胜利后，顾颉刚重开禹贡学会，会址仍由赵贞信接管。[②] 到解放战争后期，因为通货膨胀，禹贡学会的运行经费大幅贬值，已无力维持学会运作。禹贡学会实际只剩下房产、图书若干，这些都由赵贞信管理。

大概是因为顾颉刚长期不参与禹贡学会的工作，而1937年之后大多数时间里禹贡学会的资产都由赵贞信打理，致使出现了尾大不掉的局面。1950年底，邓广铭致信顾颉刚，称

[①] 赵贞信曾与胡适合著《科学的古史家崔述》，且与胡适有过直接的通信往来（见耿云志编《胡适遗稿及秘藏书信》第38册，收录赵贞信来信两通，黄山书社，1994，第485~489页），在当时全国知识分子批胡适的大背景下，赵贞信作为曾与胡适有过密切联系的人，也并未发表文章批判胡适，实属难得。

[②] 吴丰培：《忆〈禹贡〉及其复刊鳞爪》，《中国边疆史地研究》1988年第1期。

第五章　援庵麾下疑古派

他介绍朱学西暂住禹贡学会,被赵贞信恫吓制止。[①]1951年7月,郭绍虞致电顾颉刚,告知他赵贞信打算把禹贡学会资产捐献给国家,顾颉刚在日记中写道:"予引狼入室,致有今日之局。"[②]两个月后,由赵贞信做主,将禹贡学会西院借给解放军画报社,[③]实际上是将学会部分房产交归公有。

包括顾颉刚在内的禹贡学会同人对赵贞信这一做法都很不满。值得注意的是,赵贞信恰在1951年进入革命大学学习。[④]进入"革大"学习的知识分子,思想上多有守旧倾向,来"革大"正是为了接受脱胎换骨的革命教育。赵贞信在此时将禹贡学会房屋交公,或许并非一时兴起,而是接受了革命教育后在行为上的表现。

顾颉刚一生在许多学术机构中任职,尤其是1949年之前,"顾老板"在诸多地方都有话语权。但禹贡学会是唯一一个顾颉刚亲手创办、完全独立自主且一度极具影响力的私立研究机构,顾颉刚对禹贡学会的感情是很不一般的。在国难之际,顾颉刚将禹贡学会托付给赵贞信,也是对赵莫大的信任。而在抗战胜利后,赵贞信重回北平掌管禹贡学会资产,似乎已有"不受君命"的行迹;到新中国成立后,更是在未与顾颉刚商议的情况下擅自将禹贡学会部分房产交公。这在顾颉刚看来,是出卖了自己多年来对他的信任,并用自

[①] 《顾颉刚日记》第6卷,1950年11月20日,第695页。
[②] 《顾颉刚日记》第7卷,1951年7月4日,第82页。
[③] 《顾颉刚日记》第7卷,1951年9月9日,第108页。
[④] 赵贞信自述,见《历史专业举办"群众论坛",除"三害"大放大鸣》,《师大教学》1957年5月29日。

己的心血讨好新政府。不过，在当时的时代背景下，禹贡学会作为私立机构，确实难以继续存在；将学会资产交公，不失为一种政治正确的决定。对于赵贞信的行为，顾颉刚有苦难言；数年之后，他更是亲手将禹贡学会余下的房产和图书也捐赠给了公家。①对禹贡学会，顾颉刚虽然做了与赵贞信同样的事情，但从顾颉刚在日记中"禹贡学会从此终了矣"的一声感叹里，也能够体会到他的无奈与惋惜。禹贡学会的终结，化成了顾颉刚与赵贞信之间横亘的鸿沟，从此以后两人渐行渐远。

二　讲师"赵贞信教授"

——赵贞信在辅仁大学和北师大

抗战结束后，赵贞信回到北平，在此生活直至去世。从20世纪40年代后期开始，赵贞信因种种原因与其师顾颉刚渐行渐远。他走出了顾颉刚的身影，又走进了陈垣的身影。从1946年开始，赵贞信一直在以陈垣为魁首的辅仁大学和北京师范大学任教，直至退休、去世。这段经历占据了赵贞信人生的一半，但至今几乎无迹可寻。这一时期，他与顾颉刚的零星接触在《顾颉刚日记》中偶见记载，但不足以勾勒其生平轨迹；他发表了一些文章，但数量不多且仍然延续了以往"不专一门"的作风，无从窥见其研究兴趣；笔者也曾前往北京师范大学档案馆，试图查询赵贞

---

① 《顾颉刚日记》第7卷，1955年2月6日，第653页。

第五章　援庵麾下疑古派

信的人事档案，但档案库中根本找不到赵贞信这个人。所幸辅仁大学档案保存整理状况尚可，仍能从中了解1946年至1952年间赵贞信的某些信息。佐以其他资料，大略可以梳理出赵贞信后半生的经历。

赵贞信与陈垣相识，大概在20世纪30年代初二人在燕京大学工作期间。当时赵贞信是图书馆馆员，陈垣则是国学所所长，地位悬殊。陈垣能够注意到赵贞信，相信也是因为他顾颉刚弟子的身份。1934年8月，经陈垣首肯，赵贞信担任辅仁女附中专任教员。一年后，陈垣解除了赵贞信的职务，理由是此时顾颉刚已在北平研究院史学研究会主事，必定要召集赵贞信等门下弟子前去工作，他已不适合担任全职的女附中教职。①

抗战后期，赵贞信已是四川大学的专任讲师，并于1945年5月获得了由教育部铨定的讲师职称，证书编号1523。②抗战胜利后，赵贞信打算返回北平，遂致信陈垣："晚学亦望仍得回平任事，期可时承杖履，每荷教益。倘有

---

① 《顾颉刚日记》第3卷，1935年7月16日，第367页。顾颉刚认为这是因为他与陈垣之间的矛盾，导致陈垣借故解除其弟子职务。这似乎有些过度敏感了。陈、顾矛盾发生在1930~1931年，此后陈垣仍推荐谭其骧、赵贞信进入辅仁工作。尤其是推荐没有学历的赵贞信到辅仁女附中任教，已属破格。启功以中学学历进入辅仁附中任教，仍受重重阻力，遑论无学历的赵贞信。顾颉刚于1935年5月开始组建北平研究院史学组，是年7月开始正式在北平研究院办公。陈垣令赵贞信暑假期间去职，不会影响下学期课程的排定。赵贞信随即进入北平研究院任编辑，回到顾颉刚麾下工作。

② 参见赵贞信《私立北平辅仁大学校人事登记表》，北京师范大学藏私立辅仁大学档案，档案号：6.2-0129-0001。

适当机遇，则随时立可启程。"①陈垣给赵贞信的回信已无处查询，但回复应当是肯定的。赵贞信于1946年9月从四川大学离任，次月抵达北平，开始担任辅仁大学专任讲师。

赵贞信约 45 岁时照片

资料来源：《辅大年刊》，1947 年。

赵贞信进入辅仁大学后，先在中国语文学系任教。②他参与讲授国文、中国通史两门大一学生的必修课。陈垣对这两门课十分重视，要求所有科系的大一学生都必须上这两门课，每门课每周三小时，要上满一学年。陈垣还亲自领衔讲授大一国文课，授课教师包括柴德赓、启功、赵贞信等；中国通

---

① 1946年2月17日赵贞信来函，陈智超编注《陈垣来往书信集》，第758页。
② 在赵贞信即将调离国文系的1951年7月的辅仁大学工资表上，赵贞信的工资是850斤小米（1951年7月辅仁大学工资表，北京师范大学藏私立辅仁大学档案，档案号：6.2-0077-0001）。这在辅仁大学讲师中是最高工资。

史课则由柴德赓、张鸿翔、赵光贤、赵贞信等讲授。[①]身兼文、史两门课者，仅有柴德赓、赵贞信、刘汝霖，三人皆以学识渊博闻名，可见陈垣对赵贞信的学问与能力是比较认可的。1950年11月19日，陈垣与身边较为亲近的几位弟子、同事在庆林春餐馆庆祝自己的七十寿辰，赵贞信也在其中。[②]赵贞信与赵光贤亦在这一阶段相识，成为多年好友。赵光贤推崇崔述，他早年所读的《崔东壁遗书》正是赵贞信参与整理的。

陈垣七十寿诞合影，后排左一为赵贞信

资料来源：刘乃和等编著《陈垣图传》，北京师范大学出版社，2010，第97页。前排右起：刘乃和、余逊、陈垣。中排右起：尹敬坊、张鸿翔、柴德赓、启功。后排右起：萧璋、赵光贤、赵贞信。

[①] 《私立北平辅仁大学一览（民国三十六年度）》"本科学科说明"，私立辅仁大学，1947年，第37~39页。

[②] 刘乃和、周少川、王明泽、邓瑞全：《陈垣年谱配图长编》，第570页。

治史与取径：陈垣、顾颉刚学术散论

大约在 1951 年暑期前后，赵贞信从辅仁大学国文系调到历史系。[①] 也是在这一年，赵贞信进入革命大学学习，进行思想改造。[②] 当时知识分子（尤其是 1949 年以前思想偏于保守的知识分子）进入"革大"学习是普遍现象，如沈从文、李长之等著名学者都曾于 1949 年进入"革大"学习，而赵贞信进入"革大"是相对较晚的，但也很及时。赵贞信是顾颉刚的弟子，曾与胡适合著文章，此前思想守旧、不善处理人际关系，而又心直口快，极为健谈，他能够在 1951 年底开始的知识分子思想改造运动中顺利过关，并在此后历次运动中均未受到冲击，在很大程度上应与其"革大"学习经历有关；他将禹贡学会部分资产交公，应当也是受此影响。赵贞信在 50 年代政治运动中的发言，能够体现出一定的政治水平，相信也与他在"革大"所受的革命洗礼不无关联。革命大学的毕业证，也是这位一生钻研"国故之学"的老派学者的最高学历和唯一学历。

次年，辅仁大学的主体并入北京师范大学，赵贞信也随之进入北京师范大学历史系任教。在辅仁大学和北京师范大学，赵贞信对自己从事哪方面的工作并无太多自主权。这一方面固然是当时的研究者普遍要服从上级的安排，另一方面大概也因为赵贞信"不专一门"，本无特长而通博各家，所

---

① 在 1951 年 11 月辅仁大学的工资表中，赵贞信已在历史系一栏中，工资仍为 850 斤小米（1951 年 11 月辅仁大学工资表，北京师范大学藏私立辅仁大学档案，档案号：6.2-0077-0001）。
② 《历史专业举办"群众论坛"，除"三害"大放大鸣》，《师大教学》1957 年 5 月 29 日。

以能够"哪里需要哪里搬"。早在1949年秋季,辅仁大学教育系开设"中学教材教法研究"课程,赵贞信负责其中中学历史教材的部分,讲了一个学年;①并入北师大后,在系主任柴德赓的安排下,赵贞信开始专门负责中学历史教学法,②并带领历史系的学生参加教育实习。③这一时期,北师大历史系在《光明日报》开办"历史教学"栏目,侯外庐亲自题写刊首,一共出刊53号,主要进行"历史理论、教育理论、历史教学理论、历史问题和历史教学法的讨论,历史教学经验的报道"。④赵贞信是这项工作早期重要的参与者和写作者。可以说,赵贞信是新中国成立后北京师范大学历史系历史教学研究团队最早的开创者之一。

虽然赵贞信对柴德赓安排他转入教学法的研究有些不满,⑤但客观来看,安排赵贞信进行中学历史教学法的研究可谓人尽其才。赵贞信青年时代就曾在家乡创办"屯亨书塾",教授蒙童。此后又曾在北京辅仁女附中、成都光华附中教书。对于启蒙教育和中学教育,赵贞信都有丰富的实践经验,启迪了不少青年学子。这里不得不提到两段往事,以说明赵贞信在教书育人方面的成就。

---

① 赵贞信:《教了一年"中学历史教材"教法的情形》,《光明日报》1951年3月10日。
② 《赵贞信讲师说:主要的毛病在不公开、不民主》,《师大教学》1957年5月26日。
③ 《北京师范大学教育实习取得显著成绩》,《光明日报》1953年6月11日。
④ 参看杨钊《回忆解放初期北师大历史系二三事》,《史学史研究》1992年第3期。
⑤ 《历史专业举办"群众论坛",除"三害"大放大鸣》,《师大教学》1957年5月29日。

治史与取径：陈垣、顾颉刚学术散论

第一件事是赵贞信早年在家乡"屯亨书塾"担任塾师时的事情。赵贞信善于启迪蒙童，一位叫江涛的学生在赵贞信的影响下，对史学产生了浓厚的兴趣。他逐步读完了"二十四史"，并对明清史下了很大的功夫。新中国成立后，江涛来到杭州，在杭州多所重点中学担任历史教师，成为杭州中学教育界的名师。1978年，江涛调入杭州师范学院，讲授中国古代史和明清史，成为杭州颇有名气的历史学者。[①]

第二件事是1943年赵贞信在成都光华附中短暂任教期间发生的。1943年8月起赵贞信开始在成都光华附中任教，至1944年1月即离职，只有一个学期。虽然任教时间不长，但赵贞信的教学成果可谓丰厚，他敏锐地察觉到一位学生的天分，对之进行鼓励。这位学生后来成长为现代中国最重要的语言学家之一，他就是四川大学的张永言教授。赵贞信在上课时常常向学生们介绍当代学人和学界的情况，推荐课外读物，对张永言影响极大。[②] 张永言晚年回忆赵贞信时仍非常动情，感激之情溢于言表：

> 我本来在小学常常被老师骂，骂我笨、呆头呆脑……到了高中，一位教师叫赵贞信，浙江富阳人，又在燕京大学任教，他就很夸奖我，他说我看啊，这个班几十个同学，将来在学术上能有成就者，张永言一人而

[①] 参看阮鸣《记江涛先生》，收入《杭州文史资料》第15辑《师魂续编》，政协杭州市委员会文史资料委员会，第156页。

[②] 张永言：《自述——我的中学时代》，收入《语文学论集（增订本）》，复旦大学出版社，2015，第391页。

已!我真感谢他这句话,对我鼓励很大。后来我到北京开会,打听到他在北师大,就去北师大找他,别人说他已退休多年了,我问他住在哪里呢,都说他不住在学校,不知道住在哪里,所以无法见到,不然我真应该去感谢他,他对我鼓励很大。所以对学生啊,宜鼓励不宜训斥……赵贞信,号有楚(音),浙江富阳人,这个老者,记在心里,没忘。①

张永言原本打算小学毕业后就去当学徒做工,如果不是在光华附中遇到赵贞信并得到了他的鼓励,中国将失去一位杰出的语言学家。实则赵贞信与张永言的缘分,还不止在光华附中。张永言是语言学家闻宥的入室弟子,而赵贞信与闻宥是好友。赵贞信在翻译日本学者武内义雄的《论语原始》时曾得闻宥指点。②赵贞信慧眼识才,闻宥因材施教,两人机缘巧合之下共同培养出一位著名学者,也堪称一段佳话。

从在《光明日报》发表的《教了一年"中学历史教材"教法的情形》一文可以看出,赵贞信确实在中学历史教学方面颇有心得,也很费心思。他曾专门到中学听课观摩,查找资料,甚至还曾要求调入中学教课,但没有被批准。③

大约在20世纪50年代中期,赵贞信离开中学历史教

---

① 宋文涛:《记张永言先生》,收入王德耀主编《文华至尚:复旦大学出版社成立三十五周年纪念文集》,复旦大学出版社,2017,第256~257页。
② 〔日〕武内义雄:《论语原始(续)》,赵贞信译,《责善》第2卷第13期,1941年,第9页。
③ 《赵贞信讲师说:主要的毛病在不公开、不民主》,《师大教学》1957年5月26日。

治史与取径：陈垣、顾颉刚学术散论

学领域，转而研究明清史。赵贞信一生没有发表任何关于明清史的论著，他研习明清史的这段经历，只能从其他人的只言片语中找到蛛丝马迹。北师大政教专业的何廷杰教授曾提到："赵贞信先生和我都研究明清经济史。"[1] 顾诚先生在《我与明史》一文[2]和遗稿《我的治学经历》[3]中均提及 20 世纪 60 年代初，白寿彝曾将顾诚初习明史时颇费心力撰成的文稿《从王鸿绪的〈明史稿〉到〈钦定明史〉》交给赵贞信审阅。这说明白寿彝对赵贞信在明清史领域的积累是比较认可的，认为他可以为顾诚提供帮助和指导。1963 年，当时北师大历史系的大四学生施建中撰写学年论文《明食货志校勘》，指导老师正是赵贞信。施建中数十年后仍对赵贞信充满感激之情，他回忆道，赵贞信不仅学问好，而且指导他时非常认真。赵贞信交给他的校勘方法，数十年后仍在使用。[4]

不过，此时赵贞信已年近六旬，从头开启明清史学习与研究的难度可想而知。在从事明清史研究六七年后，他并无相关成果问世，反而以两篇颇有分量的古史论文为自己的学术生涯画上了句号。1961 年和 1962 年，赵贞信连续在《北京师范大学学报》上发表了《〈论语〉究竟是谁编纂的》[5]和

---

[1] 《三合土的墙上加电网还通上电流》，《师大教学》1957 年 5 月 17 日。
[2] 顾诚：《我与明史（代自序）》，《南明史》，光明日报出版社，2011，第 3 页。
[3] 顾诚：《我的治学经历（代自序）》，《明末农民战争史》，光明日报出版社，2012，第 7 页。
[4] 张铭雨：《做一名有道德的学者——施建中先生谈自己的求学路程》，《中国教师》2011 年 8 月上半月版。
[5] 赵贞信：《〈论语〉究竟是谁编纂的》，《北京师范大学学报》1961 年第 4 期。

第五章　援庵麾下疑古派

《〈论语·尧曰章〉来源的推测》①两篇文章。这两篇文章凝结了赵贞信研究《论语》三十年的思考结晶，原本可以算是一个完美的句号了。

但是这个完美的句号，终究还是被添上了瑕疵。1962年2月27日，北师大校报《师大教学》对1961年第4期《北京师范大学学报》的情况进行了介绍，提及史学研究方面的文章有"赵贞信教授写的《〈论语〉究竟是谁编纂的》"以及"刘盼遂、何兹全两位教授与刘乃和同志写的三篇读书笔记"。②然而，在1962年3月15日的《师大教学》第3版上，出现了一则波纹方框圈起来的声明：

更正：本刊426期第二版学报出版消息中，何兹全教授应为副教授，赵贞信教授应为讲师。特此更正。③

就笔者所见，《师大教学》专门就教师称谓中的职称问题发布更正说明，这是唯一一次。这一年，赵贞信整60周岁，还是板上钉钉的讲师。"讲师"的头衔，跟了他一辈子；④因

---

① 赵贞信：《〈论语·尧曰章〉来源的推测》，《北京师范大学学报》1962年第3期。
② 《老教师积极为学报撰稿阐述学术见解，最近出版的学报本周开始发行》，《师大教学》1962年2月27日。
③ 《更正》，《师大教学》1962年3月15日。
④ 1957年时就有北师大师生提出"赵贞信先生在来到师大以前做过十七年的讲师"（《历史专业举办"群众论坛"，除"三害"大放大鸣》，《师大教学》1957年5月29日），应该是从他1935年进入北平研究院担任编辑算起。到1962年，赵贞信担任讲师已有二十七年。在此之后不久，他就从北师大历史系退休，再也没有晋升的机会。

治史与取径：陈垣、顾颉刚学术散论

为校报编辑失误而有片刻戴上了的"教授"帽子，还很快被"广而告之"地摘了下来。《师大教学》2月份的报道，显然不是囫囵地将所有教师称为"教授"，因为在提及刘乃和时就称呼为"同志"。撰写这篇报道的编辑大约想当然地认为，像赵贞信、何兹全这样年纪大、名气大又能发表大块文章的学者，自然应当与白寿彝、杨绍萱、刘盼遂、毛礼锐、瞿菊农、邱椿等人一样是教授吧。

20世纪50年代至70年代，中国各类高校中积压了一批年资很久、成就很大但长期未能晋升职称的教师。以北京师范大学文史学科为例，就有两位著名的"三十年副教授"，一位是中文系的启功先生，一位是历史系的何兹全先生。启功曾于1978年66岁时自撰墓志铭曰"中学生，副教授"，他自1949年任辅仁大学国文系副教授，后转任北京师范大学中文系副教授，在副教授职称上停留了整整三十年。何兹全于1950年从美国返回祖国，通过顾颉刚介绍进入北师大历史系任职，职称定为副教授，后提为三级副教授，[①]也是到了近三十年后的1979年才提升为教授。[②]但若与赵贞信"终

[①] 何兹全：《爱国一书生》，第232页。何兹全先生在自传中不无自嘲地写道："三级副教授，我想全国恐怕只此一家。"其实并非如此，与何兹全同在"史学界四大副教授"之列的陈旭麓，也是华东师大历史系的三级副教授。有趣的是，陈的弟子也认为陈是"全国唯一的三级副教授"（茅海建：《怀念陈旭麓先生》，《南方周末》2008年12月25日；魏承思：《永远的副教授陈旭麓》，《教育家》2011年第12期）。三级副教授是特殊历史时期对取得巨大学术成就而又无法直接晋升职称的学者的一种变相"升职"，这种偏离常制的头衔，在后世看来也是一种对其学术成就的肯定。

[②]《我校新提升教授、付教授名单》，《师大教学》1979年9月14日。

身讲师"的履历相比,似乎"三十年副教授"的委屈还要稍逊一筹。

  大学里的学者,在职称评定的问题上受委屈,似乎是许多人共通的苦痛。归根到底,是自觉取得的成绩与头顶的帽子不相匹配。赵贞信固然不是著作等身的学术大家,但其成果绝不算少。① 在50年代前,赵贞信已出版大部头的古籍校注一部[《封氏闻见记校证(附引得)》,1933],辑录整理了《论语辨》(1935),参与《崔东壁遗书》的整理,发表有一定分量的学术论文约10篇。其中《廖柴舟先生年谱》有6万余字,也基本是一部著作的体量。在当时,有这些成果,评定为副教授不是问题,评为教授也不是没有可能。② 进入五六十年代,赵贞信在《光明日报》发文3篇,在《文史哲》《北京师范大学学报》发表论文数篇,早年整理完成的《论语辨》也收入《古籍考辨丛刊》(中华书局,1955)再版。至于赵贞信讲课的水平,更是有口皆碑。③

  赵贞信曾有几次机会参评副教授,1951年因为进入"革大"学习而放弃;④ 后来有了晋升教授一定要有著作的规定,但赵贞信在早有著作的情况下,还是未能晋升;1956

---

① 关于赵贞信的著述情况,可以参看本章第三部分"赵贞信学述"。
② 赵贞信曾说:"1943年我入了四川大学,那时曾有人要我到西北去作副教授,又有的叫我到贵阳作教授,我都不去。"(《历史专业举办"群众论坛",除"三害"大放大鸣》,《师大教学》1957年5月29日)虽无从考证,但实际情况应该去之不远。
③ 学生评价赵贞信讲课"质量是好的,我们非常欢迎"(《历史专业举办"群众论坛",除"三害"大放大鸣》,《师大教学》1957年5月29日)。
④ 《历史专业举办"群众论坛",除"三害"大放大鸣》,《师大教学》1957年5月29日。

年评副教授时,白寿彝本打算推荐赵贞信,但当年恰逢白寿彝作为穆斯林代表出访伊斯兰教国家印度尼西亚。白寿彝出国后,赵贞信晋升职称的事就被搁置了下来。①

因此,1957年5月北师大历史专业举办"群众论坛"时,赵贞信的职称问题成为众人讨论的焦点之一,很多教师和学生都为赵贞信"没有被提升为副教授鸣不平"。有同学表示赵贞信"是够资格作副教授的,应当立即解决";历史系教师张守常建议高教部应迅速批准赵贞信为副教授;历史系教师刘蓬②很气愤地质问:"赵贞信升副教授问题,听说教研组讨论通过的结论被改了,这是为什么?据我所了解到的,赵贞信是有著作的,如果要有著作才能升副教授这逻辑成立的话,那么彭飞、王文枢、张刚有什么著作?起码我不了解。"③历史系著名教授罗志甫也表示:"赵贞信先生升级的

---

① 参看《历史专业举办"群众论坛",除"三害"大放大鸣》,《师大教学》1957年5月29日;刘乃和1956年3月16日来函,柴念东编注《柴德赓来往书信集》,商务印书馆,2018,第243页。

② 刘蓬为北师大近代史教师,此时约四十岁。"反右"运动中被打为"右派",并于1957年被勒令离职(《边改工作情况》,《师大教学》1957年8月11日)。此后下放北京西郊农场劳动。20世纪70年代末,刘蓬回到北师大交涉其"右派"改正问题,但并未找到相关档案,致使其当了二十余年"右派"却无从改正(参范亦豪《命运变奏曲:我的个人当代史》,人民文学出版社,2014,第68~69页)。从笔者所见材料看,刘蓬确实曾被划为右派(见《整风以来本刊一些主要错误的检查》,《师大教学》1957年8月8日;《党员带头烧自己,群众向党交真心》,《师大教学》1958年4月12日),其档案很可能是在漫长岁月中的某个环节丢失了。

③ 《历史专业举办"群众论坛",除"三害"大放大鸣》,《师大教学》1957年5月29日。原文中"刘蓬"误作"刘鹏",引用时予以更正。

问题委屈了多年。"①

面对众人对自己的声援,赵贞信的回应十分有政治智慧,毫无当年"出口兴戎"之风:"过去我不提的理由是第一,受了党的教育,不愿多考虑个人的问题,第二,怕被扣个人主义向上爬的帽子。而那时,评薪评级是不公开的,也没经全体讨论。"②历经多年坎坷,加上在"革大"学习的经历,原本棱角分明、浑身是刺的赵贞信变得平和圆融。当年在燕京大学、北平研究院、禹贡学会等处总是与同事无法和谐相处的赵贞信,也有了被诸多同事一起声援的时候。不过,无论是赵贞信很有水平的发言,还是大家一致的支持,都没能让他跨过讲师与副教授之间的鸿沟。

近代以来,民间和官方都有把所有大学教师一律尊称为"教授"的习惯,尤其是对那些有学问、有名气且年纪大的大学教师,称之为"教授"似乎更是理所当然的事情。一辈子当讲师的赵贞信,在非正式场合早已频频被称为"赵贞信教授"了。

1953年,山东学者严薇青赴北京寻访丁锡田藏书,从张政烺、邓广铭处打听到丁锡田生前与"前燕大教授赵贞信先生最熟"。③从严薇青所记日志上下文看,他对赵贞信似乎并不熟悉。"前燕大教授"之称,应当出自张政烺、邓广铭

---

① 《在六月一日"群众论坛"上罗志甫教授的发言》,《师大教学》1958年6月4日。
② 《历史专业举办"群众论坛",除"三害"大放大鸣》,《师大教学》1957年5月29日。
③ 严薇青:《访书工作日志》1953年3月3日,收入《严薇青文稿》,齐鲁书社,1993,第92~93页。

治史与取径：陈垣、顾颉刚学术散论

之口。《史久芸日记》1954年9月19日载："往广济寺谒海公上师。时有师大教授赵贞信同一女士，据自称系正定师之女，来探寻其父病故经过。"①在北京的文人学者圈中，赵贞信有些资历，也算薄有名气，"赵贞信教授"之称并不突兀。《光明日报》在报道北师大学生进行教育实习的事迹时，也将赵贞信称为"历史系赵贞信教授"。②

如果不是熟悉北师大历史系内部情况，或能看到北师大的相关资料，大概难以想象赵贞信这位20世纪30年代就已小有名气，也有不少论著问世的顾颉刚的入室弟子，到了偌大年纪还只是个讲师。《富阳县志》的赵贞信小传中提到他担任过"中国大学讲师""四川大学副教授""北京师范大学历史系教授"，次序整齐，这里"教授"大概并非单纯的尊称，而是编者确信赵贞信早已获得教授职称。

但是，被称为"教授"者，总希望自己是真正的教授，至少也是个"名片教授"③。可是赵贞信一生，没有抓到让他成为真正教授的机会，也没有遇见允许他以"名片教授"聊以自慰的温情。在自己工作的地方，赵贞信永远是"赵贞信讲师"；偶然被误称为"赵贞信教授"，还在不久后郑重其事地进行了更正。这种严谨的态度固然不应被批评，但所缺失的人文关怀难免会让身处其中的人略感心寒。

我们无从揣度赵贞信对这次因编辑失误而造成的小小风

---

① 史久芸：《史久芸日记》，商务印书馆，2018，第369页。
② 《北京师范大学教育实习取得显著成绩》，《光明日报》1953年6月11日。
③ 即院校出于照顾教师的考量，给一些尚无教授职称的教师某种名义上的"教授"头衔，并默许这些教师在校内外以"教授"名义活动。

第五章 援庵麾下疑古派

波的感受，也不知道他长期停在"老讲师"的位置上是何心境，但同为《师大教学》"更正"声明主角之一的何兹全的心情，确有蛛丝马迹可以探寻。早在50年代中后期，何兹全在副教授位置上还只有六七年，已经对自己的副教授头衔深感不快：

> 副教授问题是我思想上一直很严重的问题，我不喜欢在报纸上发表文章，因不愿在名字前面署上副教授；我不喜欢使用自己的工作证、户口簿、公费医疗证等，因为那上面都有副教授学衔。认为自己不比别人差，把全国名单拿来看看也比得过，参加教学大纲讨论时看到别人是教授自己是副教授就不愉快。①

赵贞信虽不如何兹全成就大，但比何年长近十岁，师出名门且有不少论著傍身。他是否有与何兹全近似的感受，虽不可确知，但以常理而论大概也不会很愉快。他曾说过："讲师是特殊的阶层，上、下都不管。"②似乎多少还是有些愤懑的。毕竟年资、成果、学问都有，在北师大历史系内部，赵贞信也是公认有学问有水平的。在20世纪50年代中后期新中国研究生教育刚刚启动时，能够指导研究生的人凤毛麟角，往往是一个院系里的少数顶尖学者才能充当此任。而赵

---

① 《在双反烈火中——烧去思想伪装，留下赤心交给党》，《师大教学》1958年4月18日。
② 《赵贞信讲师说：主要的毛病在不公开、不民主》，《师大教学》1957年5月26日。

贞信就是北师大历史系中能够指导研究生的少数教师之一。

北师大历史系1962届中国古代史研究班毕业生合影

中排左起：赵贞信、何兹全、白寿彝、张鸿翔、杨绍萱。

五代史研究领域的名家陶懋炳于20世纪50年代中期在北师大历史系攻读中国古代中世纪史方向的研究生，据他回忆，在研究班读书的两年间，受过"白寿彝、赵光贤、何兹全、杨绍萱、赵贞信等先生教诲"。[①]陶懋炳的回忆可以得到当时北师大校报的印证。1957年4月11日，北师大历史系研究班组织了一次学习经验交流会，参与者包括研究班里的14位同学（应该就有陶懋炳），以及研究班的"指导教师何

---

① 陶懋炳:《陶懋炳自述》，收入高增德、丁东编《世纪学人自述》第6卷，北京十月文艺出版社，2000，第153页。

兹全先生和赵贞信先生"。①可见此时赵贞信确有指导研究生的资格。与赵贞信并列且同样能够指导研究生的白寿彝、赵光贤、何兹全、杨绍萱多少都挂着教授头衔，只有赵贞信始终是讲师。

1961年8月5日中国史学史座谈会专家合影，左二为赵贞信

资料来源：刘乃和、周少川、王明泽、邓瑞全：《陈垣年谱配图长编》，第787页。左四郑天挺，左五何兹全，右一刘盼遂，右二王毓铨，右三白寿彝，右四孙人和，右五张鸿翔，中间扶杖者陈垣。

在《师大教学》的赵、何职称"更正"风波后不到一年，赵贞信最后一次出现在《师大教学》的报道中。这也是在目前笔者查找到的所有资料中最后一次出现赵贞信的名字。1963年1月8日，时任北师大历史系主任白寿彝邀请了何兹全、朱庆永、高羽、赵光贤、赵贞信、李雅书一同

---

① 《历史系研究班交流学习经验》，《师大教学》1957年5月10日。

座谈，相互交流各自未来的研究计划。①与会的七人，应当是当时北师大历史系尚能正常工作的资格最老、最能代表各领域研究水平的学者，而赵贞信是其中最年长也是职称最低者。②在这次座谈会上，赵贞信表示准备在几年内完成《史记新注》。不过，这部计划中的《史记新注》并没能问世。此时已年过六旬的赵贞信何时从北师大历史系退休，如何度过了此后的动荡岁月，晚年的境况又如何，已经找不到任何资料能够说明。

20世纪80年代后期，业师晁福林教授曾代表北师大历史系中国古代史教研室去赵贞信家中探望他，但因赵贞信已病重住院，未能见到。据《富阳县志》记载，赵贞信于1989年去世，享年88岁，与其师顾颉刚享寿相同。时至今日，除了少数已步入垂暮之年的学者，已很少有人还记得赵贞信这个名字。虽然他的名字已随时间的流逝而逐渐淡去，但他的学术成果至今仍惠泽学林。也许人们已不知道赵贞信是谁，但对于许多唐史研究者以及《尚书》《论语》的研究者而言，或许"赵贞信"这个名字已在他们的阅读和研究中闪现过多次。这大概也是生命的一种延续，而且在未来相当长的时间里，还将顽强地延续下去。学术是最公平的，讲师赵贞信没能在尘世中得到的认可，最终在无言的学术史中得到了。

---

① 《历史系部分老教师座谈写作计划和培养助手问题》，《师大教学》1963年1月17日。
② 白寿彝、朱庆永、赵光贤、高羽均为三级教授，何兹全为三级副教授，赵贞信和李雅书是讲师，但李雅书比赵贞信年轻近二十岁。

三 赵贞信学述

赵贞信一生治学不专一门、不拘一格，留下的论著虽然不多，但也有可传世者、有值得在学术史中铭记者。为方便讨论，先将笔者所见所知的赵贞信论著目录罗列于下。

著作（含古书辑录点校）

赵贞信:《诸史然疑校订（附引得）》，燕京大学哈佛燕京学社引得编纂处，1932；

赵贞信:《封氏闻见记校证（附引得）》，燕京大学哈佛燕京学社引得编纂处，1933；

聂崇岐主编，邓嗣禹、赵贞信等编校《太平御览引得》，燕京大学哈佛燕京学社引得编纂处，1935；

赵贞信编《论语辨》，朴社，1935；

赵贞信:《封氏闻见记校注》，中华书局，1958；

赵贞信辑点《欧阳修考辨古籍语》《叶适考辨古籍语》《袁枚考辨古籍语》《崔述考辨古籍语》《俞樾考辨古籍语》，收入《古籍考辨丛刊》第2集，社科文献出版社，2009。

文章

赵肖甫:《记端午》，《民俗》第71期，1929年；

赵肖甫:《杭州立夏节秤人之传说》，《民俗》第75期，1929年；

赵肖甫:《本所整理档案之过去及将来》，《国立中山大学语言历史学研究所周刊》第 116 期，1930 年；

赵肖甫:《钞好了叶桐封先生歌谣已后拉杂说几句废话》,《民俗》第 107 期，1930 年；

赵贞信:《崔东壁先生故里访问记：图后附说》,《燕京学报》第 9 期，1931 年；

赵贞信:《〈书序辨〉序》,收入顾颉刚编著《古史辨》第 5 册，朴社，1935；

赵贞信:《河南叶县之长沮桀溺古迹辨》,《禹贡》第 5 卷第 7 期，1936 年；

胡适、赵贞信:《科学的古史家崔述》,赵贞信:《〈考信录解题〉附记》,均收入顾颉刚编订《崔东壁遗书·附录》,亚东图书馆，1936；①

赵贞信:《〈论语〉一名之来历与其解释》,《国立北平研究院史学集刊》第 2 期，1936 年；

赵贞信:《郦道元之生卒年考》,《禹贡》第 7 卷第 1、2、3 合期，1937 年；

赵贞信:《郦道元生卒年考》,《大公报·史地周刊》第 133 期，1937 年；

赵贞信:《论语尧曰篇末二章探源》,《国立北平研究院史学集刊》第 3 期，1937 年；

赵贞信:《廖柴舟先生年谱》,《文学年报》第 6 期，1940 年；

---

① 根据赵贞信《补叙》,此文由赵贞信于 1931 年续补完成。顾颉刚整理《崔东壁遗书》时赵贞信多有助力，书中部分内容为赵贞信整理，不再单独列出。

赵贞信:《〈臣瓒考〉跋》,《责善》第1卷第21期,1940年;

赵贞信:《经学丛书本尚书余论校后记》,《群雅》第2卷第2期,1941年;

赵贞信:《〈论语·尧曰〉章作于墨者考》,《中德学志》第5卷第12期,1943年;

赵贞信:《杨朱传略及其学说大要》,《读书通讯》第93期,1944年;

赵贞信:《教了一年"中学历史教材"教法的情形》,《光明日报》1951年3月10日;

赵贞信:《欧阳修对经学上的贡献》,《文史哲》1958年第3期;

赵贞信:《也谈〈唐前五代史〉》,《光明日报》1961年9月9日;

赵贞信:《〈资治通鉴〉的编纂》,《文汇报》1961年11月12日;

赵贞信:《〈论语〉究竟是谁编纂的》,《北京师范大学学报》1961年第4期;

赵贞信:《引用古书应该核对》,《光明日报》1962年1月6日;

赵贞信:《〈论语·尧曰章〉来源的推测》,《北京师范大学学报》1962年第3期。

翻译

〔日〕武内义雄著,赵贞信译《论语原始》,《责善》第2卷第11~13期,1941年。

其他

赵肖甫：《杭州谜语二十则》《富阳谜语十五则》，《民俗》第 96~99 期"谜语专号"，1930 年；

赵肖甫：《杭州歌谣》，《民俗》第 107 期，1930 年；

胡适、顾颉刚、俞平伯著，赵肖甫辑《考证红楼梦三家书简》，连载于《学术界》第 1 卷第 1、2、3、4、5 期，1943 年；第 1 卷第 6 期，第 2 卷第 1、2、3、4、5 期，1944 年。

未刊稿

《论语尧曰篇探源》；

《评顾颉刚先生〈禅让传说起于墨家考〉》；

《丁稼民先生年谱初稿》。

赵贞信自 1930 年前后开始进行学术研究并发表文章，至 1962 年退出学术舞台，三十余年所涉学问门类甚多。其论著以今天的眼光分析，主要围绕以下几个关键词：校勘、辑录、古史研究、年谱，此外还有若干成果不限于此。下面对赵贞信的学术研究进行分类述评。

1. 校勘

赵贞信最精擅的，乃是校勘之学，被顾颉刚评价为"长于校勘，一笔不漏"。① 在这一领域，赵贞信有堪称传世之作

---

① 顾颉刚：《齐鲁大学国学研究所名誉研究员》，收入《宝树园文存》卷 2，第 256 页。

的论著，也做了很多不为人知的"幕后"工作。

赵贞信开始进行古书的校勘，要追溯到他在中山大学图书馆工作期间。他着手校勘的第一部古书就是《封氏闻见记》。但这一阶段他的校勘所参照的版本不多，还很粗糙。

1931年来到北平后，赵贞信进入燕京大学工作。在浓厚的学术氛围和身边诸多学术大师的影响下，逐渐摸索出一条治学的路径。1932年，他点校了杭世骏的《诸史然疑》一书，并编写引得附于其后，作为引得编纂处的特刊出版。这是一部加上附录只有二十多页的小册子，但也是赵贞信首次以校勘、标点、引得的方式整理古籍的小试牛刀。

1933年，在校勘学上已很有造诣的赵贞信完成了皇皇巨著《封氏闻见记校证》。在序言中，赵贞信仔细阐述了他的治学理念。他将校勘的根据分为三种：别本、他书引本书、本书引他书。所谓"别本"，即相当于陈垣所说的"对校法"；所谓"他书引本书"，即相当于陈垣所说的"他校法"；所谓"本书引他书"，实际上就是陈垣提倡的"史源"辨析。在具体的校勘整理工作中，赵贞信融汇了从高邮二王到胡适、洪业的治学理念，且积极提倡和运用新式标点。这部书征引十分宏富、对勘无微不至，堪称《封氏闻见记》版本校勘的集大成者；新式标点的运用和引得的制作更增加了此书的使用便利性。

《封氏闻见记》本身是一部体量不大的史书，但因赵贞信对照的版本甚多，征引极为丰富，所以《校证》一书最终有两册近500页。顾颉刚说这是"用了狮子搏虎的全力

治史与取径：陈垣、顾颉刚学术散论

去搏兔"，①岑仲勉也评价道："近年赵贞信氏著《封氏闻见记校证》，以本来一册薄书，成功之后，变为煌煌钜帙，且使吾人读者开卷而获十数种本之益，甚盛事也。"②正是用这种"狮子搏兔"的功夫，赵贞信将《封氏闻见记》的校勘工作做到了极致。③此后的学者纵然能发现个别需要修正之处，但已几无可能另起炉灶在整体上超越赵贞信的成绩。所谓传世之作，大概就是这样虽百世而无可取代者。

新中国成立后，考虑到《校证》体量巨大、校勘烦琐、不便使用，赵贞信遂在《校证》的基础上略去繁杂的校勘过程，形成《封氏闻见记校注》。此书遂成为当下学者阅读使用《封氏闻见记》最常用的本子。黄永年评价道："1958 年中华书局版赵贞信《封氏闻见记校注》，据《雅雨》本，并补佚文，最为精善。"④这部书不仅是当下进行唐史研究的基本参考书，在未来相当长的时间里应该都会常置于许多唐史研究者的案头。

对重要史书进行整理标点，也是其师顾颉刚生平志愿之一。20 世纪 30 年代，在《史记》专家徐文珊的协助下，顾

---

① 顾颉刚：《封氏闻见记校证序》，收入《宝树园文存》卷 1，第 383 页。多年之后，顾颉刚进行《尚书》研究时，同样是"用了狮子搏虎的全力去搏兔"。如《尚书·大诰》篇，全文不过 600 余字；而《尚书大诰译证》一文，体例完备，卷帙浩繁，已完成的部分就有约 80 万字。
② 岑仲勉：《跋封氏闻见记（校证本）》，《中央研究院历史语言研究所集刊》第 9 本，商务印书馆，1947，第 221 页。
③ 赵贞信为整理《封氏闻见记》，不仅充分利用当时北平各大图书馆的资源，还求助于私人藏书家，比如他曾借王献唐所藏《封氏闻见记》用于校勘（见安可荇、王书林手稿整理，杜泽逊编校整理《王献唐师友书札》，赵贞信书一通，青岛出版社，2009，第 1662 页）。
④ 黄永年：《唐史史料学》，上海书店出版社，2002，第 145 页。

颉刚就已经开始了《史记》的点校工作，并出版了《史记白文》①。在此书的《序》中，顾颉刚提到"赵君肖甫旧亦有志于是，孜孜襄理雠校"。②这次由顾颉刚主持，徐文珊、赵贞信等人参与的《史记》点校工作，为20世纪50年代顾颉刚主持"三家注"本《史记》点校工作奠定了坚实的基础，也是20世纪"二十四史"及《清史稿》点校工程的先声。赵贞信虽参与此事，却未署名。这并不是赵贞信唯一一次做不留名的"幕后"工作，聂崇岐等人编《毛诗引得》时，所用的底本也是由赵贞信校勘过的，③他同样没有署名。大概是因为赵贞信善于校勘的名声在外，从事古籍整理的学者都愿意让他参与文本的校勘；但赵贞信并未参加主要的整理工作，所以没有署名。

赵贞信的老领导陈垣也以善于校勘闻名，他的《元典章校补》以及在此基础上撰写的《元典章校补释例》（后单行为《校勘学释例》）均为校勘学经典之作。赵贞信的校勘之学是否受到陈垣的直接影响，已难以确知；但二人治学有相合之处，应当是显而易见的。1962年，赵贞信在《光明日报》发表了一篇史源学性质的短札，指出周公赠指南车给越裳氏使者的传说源自《古今注》而非《史记》，④此亦暗合陈垣学风。

---

① 顾颉刚、徐文珊点校《史记（白文之部）》，国立北平研究院史学研究会，1936。
② 顾颉刚：《史记白文本序》，收入《宝树园文存》卷2，第246页。
③ 聂崇岐：《毛诗引得·序》，燕京大学哈佛燕京学社引得编纂处，1934。
④ 赵贞信：《引用古书应该核对》，《光明日报》1962年1月6日。

2. 辑录

顾颉刚早年就曾立志编纂一套"辨伪丛刊",辑录历代学者对古书辨伪问题的看法。对于"辨伪丛刊",赵贞信用心良多。在抗战前,"辨伪丛刊"的第1辑十种均已在朴社及景山书社出版,其中包括赵贞信辑录点校的《论语辨》[①]。后因抗战爆发,第2辑的出版工作刚开启就被打断,而安排在第2辑目录中的赵贞信辑点的五种,均未能出版。在抗战期间,顾颉刚、赵贞信多次与顾颉刚老友即开明书店编辑王伯祥取得联系,欲设法在上海开明书店刊印赵贞信辑点的"辨伪丛刊"数种,但因种种原因,未能成事。[②]1954年顾颉刚应科学院之邀北上,"辨伪丛刊"以"古籍考辨丛刊"的名义在中华书局再版,第1集主要收录了抗战前已出版的若干种,其中有《论语辨》;但因形势变化,以赵贞信辑录成果为主的第2集又被搁置。直到21世纪,经王煦华整理,《古籍考辨丛刊》第2集终于出版,[③]赵贞信在20世纪30年代辑点的"辨伪丛刊"五种在被搁置了七十余年后才得以问世。此时距离赵贞信去世已有二十年。

赵贞信辑录"辨伪丛刊"的工作,最主要的意义是补全了顾颉刚的学术版图。在很多人看来,疑古思潮兴起的那些年,代表性作品是《古史辨》;但在顾颉刚的计划里,"辨伪丛刊"与《古史辨》是并列的工作。赵贞信之于"辨伪丛

[①] 赵贞信辑点《论语辨》,朴社,1935。
[②] 参见张廷银、刘应梅整理《王伯祥日记》第6册,1939年12月9日,第2826页。
[③] 顾颉刚主编《古籍考辨丛刊》第2集,社会科学文献出版社,2009。

刊"，犹如罗根泽、童书业之于《古史辨》，他们都是顾颉刚完成其学术版图的最重要助手。关于"辨伪丛刊"中赵贞信所辑录之书的价值与意义，已有学者进行了讨论：

> 整理者钩沉索隐，爬梳剔理，将他们的论述汇为一编。资料的辑录标点工作做得仔细认真，条分缕析，眉目清楚，十分便于读者阅览使用。更可贵的是，整理者同时进行了具体深入的研究，探讨考辨的内容及其背景、渊源、意义等相关问题，写成专文作为序，置于该种之首。序文既是创见独到的论文，又是深入浅出的导读。[①]

对于赵贞信个人而言，最有价值的还是《论语辨》。通过辑录《论语辨》，为后来赵贞信钻研《论语》打下了坚实的基础；而《论语》研究无疑是赵贞信古史研究版图中最重要的一块。

3. 古史研究

在20世纪二三十年代的古史论辩中，讨论的问题主要分为两大块：古史传说与古书成书时代。其中古史传说不仅为学术界关注，也为广大公众所关心。顾颉刚及其从者得到的赞誉与批评，主要基于古史传说的研究。而古书成书时代

[①] 李解民：《"古史辨派"的重要文献——〈古籍考辨丛刊〉第二集出版》，《光明日报》2009年8月26日。

的研究虽然在学术上同样重要，但并不"热门"，因此相关研究所获的关注度也要低得多。

赵贞信作为顾颉刚的弟子，自然也参与到古史论辩之中。只不过赵贞信的古史研究，主要集中在对古书成书时代的辨析，而非古史传说的研究，因此其论著不如杨向奎、童书业、杨宽等人的《三皇考》《夏史三论》《中国上古史导论》等有名。但赵贞信的《论语》研究和《尚书》研究都在学术史上有一席之地，这是不应当忽视的事实。

治学领域广博的赵贞信如果说有一项专门之学的话，那必要首推其《论语》研究。他在这一领域留下的成果最为丰富，且数十年钻研不辍，不枉顾颉刚于1932年将他列为精研《论语》的唯一一人。①

赵贞信研究《论语》，始于辑录点校《论语辨》。通过这项工作，"关于《论语》之名称、篇目、源流等等，搜集材料不下数十万言"，②为此后多篇研究《论语》的鸿文打下了坚实的基础。自1936年开始，到1962年为止，赵贞信发表了五篇研究《论语》的长文，分别是《〈论语〉一名之来历与其解释》《论语尧曰篇末二章探源》《〈论语·尧曰〉章作于墨者考》《〈论语〉究竟是谁编纂的》和《〈论语·尧曰章〉来源的推测》。此外，还有长达十多万字却未及刊发的

---

① 《顾颉刚日记》第2卷，1936年末，第727页。
② 赵贞信:《论语辨·序》，顾颉刚主编《古籍考辨丛刊》第1集，社会科学文献出版社，2010，第528页。

第五章　援庵麾下疑古派

《论语尧曰篇探源》。①

在这些文章中，尤为重要的是节选《论语尧曰篇探源》而成的《〈论语·尧曰〉章作于墨者考》。此文在抗战期间发表，有两万四千余言，引书五十余种，可体现赵贞信研读《论语》达到的高度。此文的价值已远不限于对《论语·尧曰》章作者的辨析，所提出的儒、墨学说多有重叠以及儒家对墨家学说的吸收等观点，涉及思想史、经学史上的某些根本性问题。即使在当下，判定出土先秦简帛文献的学派属性时仍不得不慎重考虑赵贞信提出的这种情况。抗战之后傅芸子评此文曰：

> 至于治经不囿于旧说而发新解者，尚有赵贞信之《论语尧曰章作于墨者考》，乃赵氏《论语尧曰篇探源》之一部分，其说虽近新奇，然未尽妄诞。盖儒墨古本并称，救世济民之心，初无二致。此文亦可示近年国人治经一新趋势。②

"古史辨派"成员在20世纪四五十年代大都出现了明

---

① 赵贞信在《〈论语·尧曰〉章作于墨者考》文末附记中说："至此对于《尧曰篇》之来源始若略有所悟，因即陆续撰写《论语尧曰篇探源》一文。不意及其粗就，计之竟近十万言，一时殊无能容如此长稿之刊物可以发表。"杨宽也曾提到："《论语》里提及尧舜的几条都有后人加入的嫌疑，赵肖甫先生著有十多万字的考证。"（杨宽：《读〈禅让说起于墨家考〉》，《古史辨》第7册下编第112页）所说的大概就是这篇《论语尧曰篇探源》。
② 傅芸子：《近年来国学研究在北京》，收入李孝迁编校《中国现代史学评论》，第370~371页。

显的学术转向,其中顾颉刚将研究重心转向经学,开创了一种新式的经学研究模式,代表成果即《尚书大诰译证》和"《尚书》十种"。"古史辨派"后期这种老树新芽式的新式经学研究并非凭空产生,三四十年代赵贞信在《论语》研究中体现出的"治经新趋势"正是其先声。不惟老师能够影响学生的治学路径,学生的探索也可以反过来启发和影响老师。所以,顾颉刚在20世纪60年代重读赵贞信的名作《〈论语·尧曰〉章作于墨者考》,并非随意之举,而是与他当时正在进行的学术转型大有关系。

关于赵贞信《论语》研究的学术价值,当代《论语》研究者已经做了精到的述评:

> 赵贞信是被顾颉刚寄予厚望的《论语》辨伪专家……赵氏深恶经学的藩篱,虽谓"崔述是辨伪《论语》的中心人物",但称其"究竟是怀挟着圣人的成见来做考订的标准的。我也不赞成康、崔二氏站在今文家的立场上来辨伪,他们有一些话简直就是门户之见"(《论语辨·序》)。其《论语》辨伪的重心集中于《尧曰篇》。在他看来,"学术流变,如川入海,愈趋下游,即混杂愈甚";先汉之时孔墨并行,"而墨学入汉以后便似鸿飞冥冥,声消寂灭"是"因为它的精魂已经被儒家所收摄","'尧曰章'在今日的我们看来,果然知道它是墨家言,最低限度也是逃墨归儒之人的手笔"。至于"子张问政"和"不知命"两章,他认为二者与"子张问仁"章皆出《齐论》,后为晚出于西汉末的《古论》

第五章 援庵麾下疑古派

抄入；"问政"章和"不知命"章等恰为"《齐论》之在《古论》"的"明证"；认为"《齐论》实是一伪材料很多的书，凡《论语》中可疑的，如《子罕篇》'凤鸟不至'章，《颜渊篇》'樊迟问仁'章，《卫灵篇》'无为而治'章，《阳货篇》'予欲无言'章，一查它的娘家，竟都出于《齐论》"。就已有的文字来看，抛开观点不论，赵氏的《论语》辨伪，可以说深学独造、功力纯厚，至少在古史辨派中无人能出其右。[①]

赵贞信似曾计划撰写《论语辨伪》一书[②]，但不仅此书未能完成，连专门讨论《尧曰》章的《论语尧曰篇探源》也未能全部发表。《论语》研究素为显学，古今均如此。在近代以来众多《论语》学名家中，仅有五篇文章存世的赵贞信并不耀眼。这样一位富于创见、本应极有前途的《论语》研究者因为种种原因，未能取得其本可以达到的成就，不得不说是一种遗憾。

赵贞信唯一一部译作也与《论语》有关。全面抗战爆发前，赵贞信翻译了日本学者武内义雄的《论语原始》。武内义雄是20世纪二三十年代开始声名鹊起的日本汉学家，其治学理念与古史辨派有相当程度的契合，二者均在推崇和继

---

① 刘斌：《民国〈论语〉学研究》，山东大学博士学位论文，2008，第63页。
② 顾颉刚在《禅让传说起于墨家考》中提到："友人赵贞信先生已有极精密的考证，我们很盼望他的《论语辨伪》能早日出世。"(《顾颉刚古史论文集》卷1，第454页）

治史与取径：陈垣、顾颉刚学术散论

承清代考据学的同时，也极为欣赏崔述的疑古思想。作为"古史辨派"干将和《论语》研究的专家，赵贞信关注并翻译武内义雄的《论语原始》，在学术上有一定的必然性。据赵贞信1937年3月所撰题跋，他于1934年得语言学家闻宥指点，翻译《论语原始》。①郑师许亦曾翻译武内义雄《论语原始》，1931年就已发表，早于赵贞信译本。对比两种译本，郑以白话翻译，赵以浅近文言翻译，二者并无承袭之迹象，应当只是偶然的巧合。②

在《尚书》研究方面，赵贞信有一篇名作——《〈书序辨〉序》。这是赵贞信早年极有分量的一篇长文，计15000字左右，也是近代以来《书序》研究的重量级论文和代表性成果之一。

"古史辨派"的论著有一个显著的特点，即相当多的思考过程、高明见解和总结归纳出现在"序""跋"中，③有些"序""跋"的价值毫不逊于甚至超出了原书正文，《〈书序辨〉序》即其中之一。童书业评价此《序》曰"其言论价值，亦驾本书而上之""六节之中，上三节荟集前人之说，而加以系统之整理，虽可谓集大成之作，尚罕创见；后三节则全属创说，最有精彩""顾先生辑集是书，固极便学者之

---

① 〔日〕武内义雄：《论语原始（续）》，赵贞信译，《责善》第2卷第13期，1941年，第9页。
② 〔日〕武内义雄：《论语原始》，郑师许译，《大夏大学七周年纪念刊》，1931年。
③ 如顾颉刚的《古史辨》第1册《自序》，童书业的《古史辨》第7册《自序》《三皇考序》，杨宽的《中国上古史导论·自序》，钱穆的《评顾颉刚五德终始说下的政治与历史》及顾颉刚《跋》，等等。

探究；而赵君之序，则尤为有价值之作品"。① 这并非童书业对自己同门好友的吹捧，赵贞信在《序》中所言，确实已经大大超出康有为、崔适等人提出的《书序》为刘歆伪造、《史记》中《书序》是后来窜入的观点，给出了一套全新的、更为合理的、更能够经得住辩驳的论证。

虽然童书业高度评价了赵贞信和他的见解，但我们并不能不假思索地把这顶桂冠给赵贞信戴上。因为，顾颉刚在他的《日记》中曾提到：

> 肖甫作《封氏闻见记》序，其论标点全袭予说（《东壁遗书》序稿）；其作《书序辨》序，论《书序》非西汉古文家物亦袭予说，而皆不声明，我现在要作《东壁遗书》序反而不能用了。②

这似乎说明了《〈书序辨〉序》中的观点并非全由赵贞信原创，也有一些是沿袭顾颉刚的说法但没有声明。查顾颉刚的读书笔记，似乎也可以印证《日记》中的说法。已有学者进行研究，发现"就否定康有为、崔适以刘歆为百篇《书序》的作者而论，《书序辨序》全与《郊居杂记》论'《书序》[非]刘歆伪造'的六点理由相同"。③ "《书序》非刘歆

---

① 童书业：《评顾颉刚辑、赵贞信序〈书序辨〉》，《图书季刊》第1卷第3期，1934年；又见于《浙江省立图书馆馆刊》第3卷第5期，1934年。
② 《顾颉刚日记》第3卷，1934年1月31日，第156页。
③ 谢明宪：《论顾颉刚对于〈书序〉作者的质疑》，《汉学研究》2007年第2期。原文作"《郊居杂记》论'《书序》刘歆伪造'"，查《顾颉刚读书笔记》当为"《书序》非刘歆伪造"，据补"非"字。

伪造"见于《郊居杂记》第1册,①这是1930年底至1931年初顾颉刚的读书笔记。笔记中列出了六条理由反驳康、崔之刘歆伪作《书序》说,在1934年完成的《〈书序辨〉序》中均能找到近似的论证。此观点与论证的首创者,毫无疑问是顾颉刚;赵贞信用在自己的文中而没有说明缘由,确实是有些不妥的。不过,终顾颉刚一生,即使有很多机会,他似乎没有在公开发表的论著中提及《书序》非刘歆伪造的说法出自自己,而将其发明权完全交到了赵贞信手中。如果不是他的日记和读书笔记在其去世后整理出版,我们将永远无法得知这其中的曲折。

除了否定刘歆伪造《书序》的观点和论据取自顾颉刚,此文其他观点应当确为赵贞信本人卓见。以今天的眼光看,他的很多见解都是非常了不起的。譬如,他申说钱玄同的观点,认为先秦时期《尚书》"没有成书",秦、汉间经师汇存了几十篇《尚书》,方才加上一个总目。先秦文献基本单篇流传,后来有许多学者都注意到,并且得到了出土文献的印证。②基于此,赵贞信不再将《尚书》看作一个整体,也打

---

① 《顾颉刚读书笔记》卷3,第127页。
② 余嘉锡曾提出"古人著书,多单篇别行"(《古书通例》,中华书局,2009,第213页);近年简帛文献大量出土,李零也总结"我们现在发现的简帛古书,差不多都是单篇"(《简帛古书与学术源流》,生活·读书·新知三联书店,2008,第214页)。而"清华简"公布后,可以证明不仅私家著述基本是单篇流传,《尚书》类文献也是单篇流传的。自20世纪20年代末,余嘉锡就在北京各大学讲授目录学,其《古书通例》即根据这一时期的讲稿整理而成。赵贞信到北京后事务颇多,是否听过余嘉锡的课已无从得知;但他肯定没有看过《古书通例》,该书首次排印是在1940年,晚于《〈书序辨〉序》六年。

破了百篇《书序》为一个整体的先入之见。他把《书序》的创制分为四个不同阶段:(1)今文《尚书》的《书序》作于秦汉间,只有二十八目,后加《泰誓》为二十九目;(2)百篇《书序》系汉成帝时张霸伪作,张霸"百两篇"中的"两篇"应当就是《书序》;(3)汉《古文尚书》的《书序》,是刘歆伪作;(4)今本《书序》,是在晋《伪古文尚书》出现后又经过改写而成的。后三次均属"作伪"。

赵贞信在顾颉刚否定刘歆伪造《书序》论点的基础上,提出了一整套《书序》流变的线索,并着重论述了张霸伪作百篇《书序》这个节点,一定程度上回答了顾颉刚在《郊居杂记》中提出的问题——"《尚书》百篇,说这句话的最先是何人?"在后来顾颉刚的《尚书》研究中,可以很明显地看到受赵贞信此观点的影响。因此,赵贞信不加说明直接使用老师的论点固然不妥,但如果我们把时间线拉长,这其实是一个师生合作、教学相长的故事。

此外,赵贞信"《书序》首创于秦汉间"的说法,与后来陈梦家[1]、程元敏[2]之说都比较接近,至今也没有受到出土文献的挑战。顾颉刚对赵文中所论《书序》在晋代"第三次作伪"的观点也是认可的。20世纪50年代,《书序辨》作为《古籍考辨丛刊》第1集的一种重印时,顾颉刚在《后

---

[1] 陈梦家:《尚书通论》,中华书局,2005,第97页。他认为《书序》是"秦汉之际解经人的所作"。
[2] 程元敏:《书序通考》,台北:学生书局,1999,第502~520页。程元敏的观点是,《书序》成书应当晚于秦王政十四年,早于汉文景时人张生、欧阳容。陈、程与赵的区别,在于陈、程并未严格区分今文《书序》与百篇《书序》。

记》中评价道:"赵贞信同志作本书的序,又证明今本《书序》是魏、晋时期编《伪古文尚书》的人所修改的汉人之作,推论益为完密。"① 此时顾、赵师生间嫌隙已深,② 除了编书时偶有往来,几乎已没有交流。但顾颉刚仍高度评价赵贞信之文,这一方面体现出其不因人废言的广阔胸怀,另一方面也说明了他确实认为赵贞信此说值得参考。

在《〈书序辨〉序》之后,《尚书》研究又有长足的进展,顾颉刚晚年大部分精力都放在《尚书》研究上,程元敏巨著《书序通考》更是《书序》研究的集大成者。赵贞信的《〈书序辨〉序》在当时无疑是锐意创新之作,但在今天看来其"三次作伪"说中的每一次都有不少值得商榷之处。尤其是近年"清华简"中的《书》类文献大量公布,让人们对《尚书》和《书序》的成书时代都有了新的认识。但无论相关研究进展到何种程度,《〈书序辨〉序》都是一篇在《尚书》学史中成一家之言、具有很大影响的文章。

赵贞信也并非完全不涉足古史传说的研究,他曾写过一篇讨论禅让传说的文章,题为《评顾颉刚先生〈禅让传说起于墨家考〉》。此文在一定程度上也与《论语》研究相关,因为《禅让传说起于墨家考》中有一节为"论语尧曰章辨伪",正是赵贞信一直研究的问题。赵贞信对此文的评价,很可能也涉及该问题。但笔者未能寻到此文在何处发表,仅见杨

---

① 顾颉刚主编《古籍考辨丛刊》第1集,第654页。
② 童书业在《古籍考辨丛刊》第2集序言中无只字提及他曾经的好友也是此书的主要编撰者赵贞信,或亦是受此影响。此序完成于1957年10月2日,正好在顾、赵、童三人最后一次见面的一个月后。

宽《中国上古史导论》中有所提及。[①]顾颉刚《禅让传说起于墨家考》最早刊于《国立北平研究院史学集刊》第1期，后收入《古史辨》第7册；《中国上古史导论》亦刊于《古史辨》第7册。考虑到抗战开始后赵贞信留居北京，而杨宽居于上海，其时通讯较为不便，杨宽读到赵贞信此稿的时间很有可能在抗战开始之前。那么，赵贞信此文撰写的时间当在1936年至1937年上半年。可惜这篇文章似乎始终没有发表，我们也无从窥知其全貌。

赵贞信20世纪三四十年代所撰古史研究论文，大多用白话文写成，文风与顾颉刚颇似；而其他领域的论著以及信件，则多用文言写成。赵贞信十分擅长写古文，之所以用白话文写古史论文，或许是对胡适、顾颉刚、钱玄同等人文风的模仿和致敬。不过，虽然赵贞信古史论文的文风与其师相近，但他对自己的老师以及更早的疑古宗师们毫不迷信，能清醒地看到前辈的不足，故而能在其基础上有所突破，做出更为严密、更有生命力的研究成果。这才是他师从顾颉刚学到的治学精神的精髓，文风之近，不过末流而已。

4. 年谱

赵贞信的"述而不作"之风让他在另一领域也取得了十分突出的成就，这就是学者年谱的编写。赵贞信所编年谱，基本都在学术史中占据了重要地位，这是他一生学术成就中应当被铭记的部分。

[①] 杨宽:《中国上古史导论》,上海人民出版社,2016,第11页。

治史与取径：陈垣、顾颉刚学术散论

赵贞信参与编写的第一部年谱，是与胡适合作完成的《科学的古史家崔述》(主体部分即为《崔述年谱》)，全文约7万字。虽然是续补胡适的未完稿，但赵贞信在这部年谱中的贡献并未被胡适的光芒所掩盖。续胡适著作，而无续貂之讥，已是很了不起的事情。赵贞信不仅将胡适的残作补成完璧，更能有所进益，得到了胡适和顾颉刚的大力赞许。这一点在胡适所写《后记》中有详细的叙述：

> 民国十二年（一九二三）我开始作崔述的年谱，写成了大半部分；因为我南下养病，这工作就搁下了。《国学季刊》第一卷第二号曾登出此文的第一章（家世）和第二章（年谱上）。十二年秋后我从南方回北京，我的兴趣已变换了，崔述的年谱只写到了嘉庆初年，其余的部分只剩一些随笔札记的卡片。后来《国学季刊》也停刊了，我不久（十四年）也离开北京大学了，这篇长文就没有续下去。
>
> 顾颉刚先生近年整理崔述的全部著述，功力最勤，对于崔述的了解也最深。所以我去年提议请他把这篇年谱续完，把新得的材料都补进去。他已允许了我的请求，不幸他今年因太辛苦得了失眠的病，不能不休息，所以他把这件事转托他的朋友赵贞信先生。赵先生也是专门研究崔述的，他不但把我的旧稿从嘉庆三年续到崔述死后，他还把许多新得的材料分别补在我已写定的各年之中。我当初考证的年代有些不正确的，他都代我校正了。这篇开始在八年前的《崔述年谱》，

第五章 援庵麾下疑古派

现在靠了赵贞信先生的帮助,居然完工了。我十分诚恳的感谢他。

我的旧稿有一个妄想:我想在《年谱》里作批评的工作,在崔述的每一部书写定或刻成之年,就指出这部书的贡献和他的缺点。这件工作是不容易的,《年谱》的中间搁置,这也是一个重要原因。赵贞信先生续成的部分,也采用这个方法,他评论诸书的得失,我认为都很有见地。承他的好意,仍用我的口气补作这未成的部分;但我不敢掠夺他的成绩,所以在这里声明一句,并且谢谢他的好意。[①]

嘉庆以后的年份,基本为赵贞信所写,约占全文三分之一的篇幅;前面的内容,赵贞信亦多有增补修订。胡适所写《年谱》上半部分,已然搜罗齐备、考证翔实且夹叙夹议,其内容的丰富程度已远超一般年谱而近乎评传。赵贞信能依此体例续为完璧,确实是了不起的成绩。

在当时先后出现的三部崔述《年谱》[②]中,由胡适和赵贞信共同完成的《科学的古史家崔述》无疑是内容最翔实、最丰富且学术述评做得最好的一部,也是目前被征引最多的一部崔述年谱。这篇由顾颉刚交托的"命题作文",赵贞信完成得相当出色。

[①] 顾颉刚编订《崔东壁遗书》,第1015页。
[②] 分别是刘汝霖《崔东壁先生年谱》(北平文化学社,1928)、姚绍华《崔东壁年谱》(商务印书馆,1931)、胡适、赵贞信《科学的古史家崔述》(上海亚东图书馆,1932)。

赵贞信编写的另一部年谱，某种程度上也是"命题作文"，且仍为续补之作。前文已提到，抗战期间赵贞信留守禹贡学会，曾将禹贡学会空屋租给挚友丁锡田居住。丁锡田，号稼民，是山东潍县籍学者，也是禹贡学会会员，曾在《禹贡》半月刊上发表《登莱旅程日记》。①丁锡田喜读清初文学家廖燕之书，并于1938年草拟了约有近万言《廖柴舟先生年谱初草》。1940年3月，丁锡田移居禹贡学会，与赵贞信比邻而居。赵贞信受丁锡田影响，也开始阅读廖燕著作，深为叹服，并觉丁氏所编《年谱初草》"实尚多讹缺，大可重行编写"。赵贞信在此初稿的基础上，完成了约6万字的《廖柴舟先生年谱》，发表于《文学年报》。大约是因为这部年谱的主要执笔者和主体部分的完成者是赵贞信，因此由赵贞信单独署名。但在《年谱》的跋中，赵贞信充分说明了撰写此文的来龙去脉以及丁锡田在其中发挥的作用：

> 举此意商之丁、王二先生，并荷许诺。因藉暑期之暇，殷勤编写，凡两易稿，阅二月余而告成。应用之书籍，大半均由稼民先生惠所假，其间商榷体例，解释疑难，稼民先生所助者亦甚多：盖此年谱虽撰写出于信手，而得以撰写则大部实均资稼民先生之力，故虽谓此

---

① 丁稼民:《登莱旅程日记》,《禹贡》第7卷第1、2、3合期, 1937年。这篇游记还在该年刊印成单行本，作为"禹贡学会游记丛书"的第7种出版。

第五章 援庵麾下疑古派

年谱为吾二人合作之品可也。①

廖燕虽为清初人物,但终有清一代在中国并不知名,反而在日本影响颇大。民国时期,张荫麟、容肇祖等学者注意到这位闻名于日本的中国文人,并将之介绍回中国,由此引发了不少学者对廖燕的关注,其中就有丁锡田。而赵贞信在丁锡田初稿基础上完成的《廖柴舟先生年谱》,则是"第一部全面介绍廖燕生平、思想及其创作的重要研究成果"。②赵氏所编《年谱》继承了他从胡适那里效仿的写法与风格,并非简单罗列行状、著述,而是夹叙夹议,对廖燕在文学、思想上的成就进行述评,对其不足与谬误之处也有直接明确的批驳,名为《年谱》,实际上是一部对廖燕进行综合研究的长篇著作。可以说,廖燕在后来的中国文学史、思想史书写中能够占据一席之地,一定程度上要归功于赵贞信编写的《年谱》。

在赵贞信完成《廖柴舟先生年谱》的半年后,他的挚友兼邻居丁锡田因脑溢血去世。③赵贞信悲痛之余,为丁锡田编订了《丁稼民先生年谱初稿》。这部年谱,是了解丁锡田生平事迹最重要的材料之一,可惜至今仍未能出版。

---

① 赵贞信:《廖柴舟先生年谱·跋》,《文学年报》第6期,1940年,第298~299页。
② 李永贤:《廖燕研究》,复旦大学博士学位论文,2004,第1页。
③ 潍县老事儿:《北京,稼民先生旧居寻访记》,http://k.sina.com.cn/article_6412565691_17e37fcbb00100482y.html。

191

治史与取径：陈垣、顾颉刚学术散论

赵贞信编《丁稼民先生年谱初稿》手稿书影[①]

除了以上四方面的研究，赵贞信论著所涉及的领域还有不少。大约在1960年前后，他集中发表过几篇史学史、经学史领域的文章。[②] 当时，历史学界关于《资治通鉴》编纂成书的问题出现过一次论战，翦伯赞等学者围绕该问题反复争论。赵贞信也参与了这次论辩，发表了《〈资治通鉴〉的

---

① 此手稿系网友"潍县老事儿"收藏，承蒙惠赐书影，谨致谢忱。
② 据《陈垣年谱配图长编》引述刘乃和《日记手稿》载，1961年8月5日，陈垣"主持召开中国史学史座谈会，讨论白寿彝《中国史学史（古代部分）》教材的编写。参加者有白寿彝、孙人和、郑天挺、贺昌群、张鸿翔、何兹全、赵吉甫、刘盼遂、王毓铨、赵文涛、郭澎等"（第786页）。据当日所拍摄的合影，知"赵吉甫"为"赵肖甫"之讹。或许是因为赵贞信在50年代末60年代初比较关注史学史、经学史的问题，故而也受邀参加这次座谈会。

编纂》一文。赵贞信撰写此文是因为关于《资治通鉴》的"编纂情况却一向颇有误解,这虽然在过去的名家亦所不免",而他认为正确的观点正是陈垣于1947年提出的。[①]1961年8月,刘乃和发表文章《唐前五代史》,不久后赵贞信为之作补充,即《也谈〈唐前五代史〉》。在此之前,赵贞信还在《文史哲》发表了《欧阳修对经学上的贡献》。

此外,赵贞信在1930年前后曾为《民俗》周刊供稿,描述了杭州的一些风俗,记录了杭州、富阳的歌谣和谜语。抗战期间,赵贞信将20年代初胡适与顾颉刚、俞平伯讨论《红楼梦》的一批书信进行了整理,以《考证红楼梦三家书简》为题在《学术界》杂志上连载,这也是红学研究史中有些影响的事件。赵贞信还对郦道元生年进行过考证,和陈桥驿的观点[②]相合,也是研究郦道元生平需要参考的一篇文章。至于赵贞信在档案整理、历史教学方面的成果,已在前两小节有所论述,此处不再赘言。

总体上看,赵贞信一生治学,论著数量不多,学术兴趣分散,但有生命力的论著并不算少。他的《封氏闻见记校证》《封氏闻见记校注》均为传世之作,可跻身20世纪古籍校勘的经典著作之列;他对《论语》成书的研究、《书序》成书的研究,是"古史辨派"古书成书时代研究工作的重要成果,对顾颉刚和"古史辨派"的其他学者有一定的影响,

---

[①] 陈垣:《书全谢山"通鉴分修诸子考"后》,《大公报·文史周刊》第17期,1947年。
[②] 陈桥驿:《爱国主义者郦道元与爱国主义著作〈水经注〉》,《郑州大学学报》1984年第4期。

至今仍有参考价值。从学术成就上讲，赵贞信不是一位能让所有人仰视的前辈学人，但未尝不值得我辈学习。在某个层面上，学者打的是一场以一代人甚至一个世纪为尺度的持久战。当其论著在一百年后仍对研究者有所启迪，谁能说赵贞信讲师不是一位成功的学者呢？

后　记

　　为什么要写这本研究陈垣先生和顾颉刚先生的小书？其中固然有许多严肃的学术价值可讲——这些也确实已在正文中一一正告读者。但如果在后记中还不说些心里话，就太过不老实了。之所以选择这样一个研究题目，主要是因为我个人内心中的某种执念。为什么会产生这样的执念？简言之，是由我的师承决定的。

　　我的导师晁福林先生是先秦史名家赵光贤先生的学生；大半生以先秦史专家闻名于世的赵光贤先生，是陈垣先生的学生。而众所周知，陈垣先生是不治先秦史的。那么，不治先秦史的陈垣何以能培养出一位卓有成就的先秦史专家呢？我对这个问题充满了疑惑。赵光贤先生在晚年的自述中也谈起过这个问题，提到了崔述、王国维、顾颉刚、郭沫若等学者对他的影响。[①]这当然是实际情况，但又给我一种"标准答案"的感觉。现当代治古史者，似乎都离不开这几位的影响。学者初窥学术门径，一般来说总是会先受到一种治学路径的影响，而这也往往会奠定其一生学术研究的底色。赵光贤先生的古史研究从何处入手，似乎这份"标准答案"还没有说明。

---

① 赵光贤：《我的自述——学史贵有心得》，《亡尤室文存》，前言第6页。

治史与取径：陈垣、顾颉刚学术散论

前些日子，我偶然在旧货市场中发现了几张旧纸，一看内容竟是赵光贤先生在20世纪80年代填写的一份履历表。其中"学术上的师承和社会影响以及国外评价"一栏中填写的内容引起了我的关注：

> 在史学研究方法上主要是接受现代史学大师陈垣先生的方法，同时亦接受清儒崔述与现代历史家的顾颉刚先生的说法，但有取舍，并不完全相同。

赵光贤手书履历表（20世纪80年代）

我迅速做出决定，以一个不大明智的高价将这几张纸买回。经业师晁先生鉴定，这份履历表确系赵光贤先生亲手所

后 记

书，可信度是没有问题的。这份材料也正好可以印证20世纪80年代赵光贤先生在一次访谈中对自己治史方法的总结。他提到，"如果说我在史学上还有一点传统史学的法宝的力量"，就是"从陈老校长那里学的传统的考证方法"，以及"从崔述那里，从顾颉刚那里，我们知道怎样来辨伪：真书与伪书，真事与伪事，真材料与伪材料，要辨别清楚，不然你写的东西就会成为笑话"。[①] 赵先生固然也受到王国维、郭沫若和其他史学家的影响，但若上升到"师承"的高度，除了陈垣先生之外，在近现代史家中就属顾颉刚先生了。可以说，陈垣与顾颉刚两位史学大家治学路径的交汇融合，奠定了赵光贤先生从事古史研究的基础。

我不禁思考，我的学术生命之所以存在，究其根源是数十年前陈垣先生和顾颉刚先生的治学精神相交汇而碰撞出的一个火花。这个小小火花历经赵光贤先生、晁福林先生不断传承发扬，给了今天的我一份事业、一个目标。像每个对"我从哪里来"这个问题充满好奇的人一样，我很渴望回头看清楚这个火花是如何产生的，也愿意付出时间和精力去探寻。这就是我研究陈垣与顾颉刚的原因。

陈垣先生与顾颉刚先生虽然都是中国近现代极具代表性的历史学者，但二人的研究领域似乎是"全然不相见，犹如参与商"，治学风格看上去也大相径庭。这样两种似乎迥然不同的治学路径与治学精神，是如何能够碰撞出火花的呢？孟

[①] 瞿林东:《治史贵有心得——访赵光贤教授》,《史学史研究》1988年第4期。

治史与取径：陈垣、顾颉刚学术散论

子曰："颂其诗，读其书，不知其人，可乎？"（《孟子·万章下》）要想知道陈垣与顾颉刚在治学精神上如何产生交汇，首先要探明两个人之间有怎样的交往和联系。因此就有了第一章"浮沉各异势 殊途而同归——论陈垣与顾颉刚的交谊"。

明晰了陈垣与顾颉刚之间的交谊，接下来就要在二人治学领域和治学理念的最接近处寻找交汇的可能性。顾颉刚以研究古史著称，那么陈垣对古史研究有什么看法呢？以往学界多认为陈垣先生不治古史，甚至从不提及三代历史。其实，陈垣对三代历史并非绝对回避。在《陈垣全集》收录的一些篇章中，零星散落着他对古史研究的看法，甚至他早已对一些历史叙述的层累现象有所表述。"陈垣的古史观"一章，聚焦以往研究者不甚注意的陈垣对于古史研究和"疑古派"的看法，并将陈垣的一些治学理念和"疑古派"的主张进行对比。

陈垣以考据著称，其考证极其严密，史料搜罗号称"竭泽而渔"，《元西域人华化考》《明季滇黔佛教考》均为考据史著中不朽的典范。而早年并不以考据严密为人称道的顾颉刚，晚年在资料的运用上已可与《元西域人华化考》"差堪匹敌"。[①] 两位不同领域的史学大家为何最终在研究风格上逐渐靠近了呢？其实，风格的趋同只是表象，治学道路的不谋而合才是本质。"顾颉刚的《尚书》学"一章，通过对比顾颉刚的《尚书》研究和陈垣的元史研究，阐述二者之间的相似性，进而揭示两人在治学道路上的相通之处。

既然撰写这本小书的念头是因赵光贤先生兼师陈垣、顾

---

① 许冠三：《新史学九十年》上册，第115页。

后 记

颉刚而起，那么对赵先生的研究自然也是题中应有之义了。大约在七八年前，笔者在旧书肆中购得赵先生在20世纪50年代中叶编写的《中国考古学大纲》油印讲义残稿一份，经晁先生鉴定，油印稿中的红笔批注确系赵先生手书。而在不久前，晁先生也购得赵光贤先生手批《马克思主义经典作家论资本主义以前诸社会形态》一书，其中有许多赵先生批注的学习马克思主义史学理论的体会与见解。以往学界多认为赵光贤是专注于考据的历史学家，但这些新见的材料足以说明，我们对赵光贤先生知识体系和治学精神的认识应当更丰富些。因此就有了"励耘门中考古家——赵光贤《中国考古学大纲》述评及其他"这一章。

那么，为什么写"援庵麾下疑古派——赵贞信传略"呢？这个原因就比较复杂了。决定为赵贞信先生作传，似乎是一个不断被召唤的过程。认真读过《顾颉刚日记》的人，很难不被"赵贞信"这个名字所吸引：顾颉刚常常与赵贞信谈至深夜，也多次言辞激烈地表示要与之绝交；顾颉刚对赵贞信的行为方式多有批评，甚至质疑其人品，但又称赞他是"良友"，其言"当铭座右"。顾、赵之间这种"相爱相杀"的状态，在20世纪三四十年代频繁出现，让读者不能不对赵贞信产生一些好奇。而且，赵贞信先生前半生跟随顾颉刚治学，后半生则在陈垣麾下工作，这更让我产生了兴趣。

此后，在诸多机缘中，我又屡屡见到"赵贞信"这个名字。其一，我为北师大本科生开设"《论语》解读"一课，涉及《论语》成书问题，备课时研读前人成果，发现赵贞信对此问题有过相当重要的论断。其二，在读《童书业著

治史与取径：陈垣、顾颉刚学术散论

作集》时，一篇热情洋溢的《记赵君肖甫》引起了我的注意，赵贞信先生的形象跃然纸上，而且这似乎是《童书业著作集》中收录的唯一一篇记述交友情义的文章。其三，我重读顾诚先生《明末农民战争史》与《南明史》时，发现两书序言中均提及白寿彝先生嘱咐顾先生将其明史论文交给赵贞信审阅。其四，我在研究中曾涉及上古时期汉语外来词的问题，查得张永言先生是较早研究此问题的学者，遂找来他的《语文学论集》，一读之后至为叹服。在《论集》的附录中，收录了张先生回忆其中学时代的文章，文中提到赵贞信先生曾教过他，并对他产生了至关重要的影响。

赵贞信先生屡屡进入我的视野，加之他长期在辅仁大学和北师大文史学科任教，让我感觉于公于私都应当为这位前辈学者做些什么；而他不仅是顾颉刚的入室弟子，还长期在陈垣领导下工作，这更让我坚信"赵贞信传略"应当成为这本小书的一章。开始搜集资料后，我发现他的人生经历能够触动我的地方远比之前预计的要多，文章的体量也在原定计划的基础上一步步扩大。同样是书写学术史，写陈垣、顾颉刚这样的史学大师，和写赵贞信这样的"普通"学者，是完全不同的两种感觉。虽然书写者在面对任何研究对象时都应保持一定的疏离和尽可能的冷静，但在情感上，平凡的我如何能不与"普通"的赵贞信更加接近呢？如果读者觉得这一章太富于感情的话，还请包容。

这本小书的写作无疑是建立在诸多前人研究基础上的，因题材的原因也频繁地提到许多耆宿名家，书中提及前辈学者时多未称"先生"。此处的标准答案似乎应是"为行文简约""为

后　记

统一规范"等，不过既然要写一篇说老实话的后记，我想说的是，学术不仅是天下之公器，也是古今之公器。既然站在同一个舞台上，即使我的身量还十分渺小，亦不妨壮一壮胆量，略去纸面上"先生"之称，以一种平视的姿态去打量前人、古人。即使是看一个巨人，要想看清楚，也要平视他的面孔，而不是仰视他的鼻孔。尊重一个人，可以体现在称谓上；但说清楚为何尊重他，就不是加个称谓便能解决的问题了。段玉裁的伟大，并不是因为他是"段大令"；"大令"常有，而段玉裁不常有。称"先生"是很容易的，而何以为"先生"，才是本书耗费许多纸张试图说清楚的问题。不过，以上感慨仅限于本书正文，出此范围未必适用。都说学术研究是象牙塔，象牙之塔必然不大，超出这一番小小天地，是要屈膝还是折腰都未可知。如果还有些许恣意与不恭，也只会挥洒在这本小书之中吧。

本书撰写过程中，得到业师晁福林教授提供的诸多珍贵材料和悉心指点，得到北京师范大学张越教授和湖南大学王兴副教授提出的许多宝贵建议，得到北京师范大学铸牢中华民族共同体意识培育基地和北京师范大学史学理论与史学史研究中心的大力支持，得到北京师范大学历史学院青年教师发展资助项目的支持，在此致以诚挚的感谢！另外，编辑郑彦宁、师敏革等为本书的出版提供大量帮助，马晓玥同志付出颇多精力帮忙录入、校对，我心中也非常感激。

刘卓异

2022 年仲春

记于北京南海子草庐

图书在版编目（CIP）数据

治史与取径：陈垣、顾颉刚学术散论 / 刘卓异著. -- 北京：社会科学文献出版社，2022.6（2023.8重印）
ISBN 978-7-5228-0134-6

Ⅰ.①治… Ⅱ.①刘… Ⅲ.①陈垣（1880-1971）-人物研究②顾颉刚（1893-1980）-人物研究　Ⅳ.①K825.81

中国版本图书馆CIP数据核字（2022）第087405号

治史与取径：陈垣、顾颉刚学术散论

著　　者 / 刘卓异

出 版 人 / 王利民
责任编辑 / 郑彦宁
责任印制 / 王京美

出　　版 / 社会科学文献出版社·历史学分社（010）59367256
　　　　　地址：北京市北三环中路甲29号院华龙大厦　邮编：100029
　　　　　网址：www.ssap.com.cn
发　　行 / 社会科学文献出版社（010）59367028
印　　装 / 唐山玺诚印务有限公司

规　　格 / 开本：880mm×1230mm　1/32
　　　　　印　张：6.625　字　数：143千字
版　　次 / 2022年6月第1版　2023年8月第2次印刷
书　　号 / ISBN 978-7-5228-0134-6
定　　价 / 79.00元

读者服务电话：4008918866

版权所有　翻印必究